Wilhelm Scherer, Richard Heinzel

Deutsche Studien. I. und II

Auflage 2

Wilhelm Scherer, Richard Heinzel

Deutsche Studien. I. und II
Auflage 2

ISBN/EAN: 9783744658065

Hergestellt in Europa, USA, Kanada, Australien, Japan

Cover: Foto ©ninafisch / pixelio.de

Weitere Bücher finden Sie auf **www.hansebooks.com**

WILHELM SCHERER

EUTSCHE STUDIEN

I. UND II.

ZWEITE AUFLAGE.

PRAG.   WIEN.   LEIPZIG.
EMPSKY.   F. TEMPSKY.   G. FREYTAG.
Buchhändler der kaiserlichen Akademie der Wissenschaften in Wien.
1891.

Vorwort.

Scherers Abhandlungen über Spervogel und die Anfänge des Minnesanges, erschienen unter dem allgemeinen Titel Deutsche Studien I. und II. in den Sitzungsberichten der philosophisch-historischen Classe der Wiener Akademie, 1870 Band LXIV S. 283 ff. und 1874 Band LXXIV S. 437 ff., gehören zu jenen Arbeiten sowohl des Verfassers als der deutschen Philologie überhaupt, welche die wissenschaftliche Behandlung philologischer und litterar-historischer Fragen am meisten gefördert, ja ihr in mehr als einer Beziehung neue Wege gewiesen haben. Welche Wirkung sie auf die germanistischen Zeitgenossen geübt haben, kann man, um nur das Hervorragendste zu nennen, aus Wilmanns' zweiter Ausgabe Walthers von der Vogelweide sowie aus seinem „Leben und Dichten Walthers", aus Burdachs Buch über Reimar den Alten und Walther, aus Röthes Reimar von Zweter ersehen. — Da diese Abhandlungen im Einzeldruck vollständig vergriffen und in den Sitzungsberichten der Wiener Akademie nicht bequem zugänglich sind, so schien sich eine neue Auflage in jeder Beziehung zu empfehlen. Sie ist ein getreuer Abdruck der ersten, nur einige Verweise auf neuere Ausgaben habe ich, wo es nöthig oder wünschenswert schien, in eckigen Klammern hinzugesetzt.

Wien, September 1890.

R. Heinzel.

DEUTSCHE STUDIEN.

VON

WILHELM SCHERER

I.

SPERVOGEL.

Zwei Dichter.

Dass die Gedichte, welche unter dem Namen Spervogel in unseren Hss. überliefert sind, nicht alle von einem Verfasser herrühren, deutet bereits die Handschrift *A* durch die Überschrift *der junge Spervogel* an. Dafür hat schon von der Hagen in seinen Minnes. 4, 685 im wesentlichen die richtige Beziehung gefunden, und die betreffenden Strophen sind von Lachmann und Haupt im Minnes. Frühl. ausgeschieden. Mit Unrecht dagegen wollen Pfeiffer und Bartsch (Germ. 2, 494. 3, 481) jenen jungen Spervogel. mit einer weiteren Scheidung der als echt übrig bleibenden Gedichte combiniren, welche allerdings nothwendig scheint. Bereits Simrock (Lieder der Minnesinger, Elberfeld 1857, S. 61 ff.) hat dieselbe ganz richtig vorgenommen.

Die Gründe, welche dafür sprechen, suche ich im Folgenden zu entwickeln.

Die „echten" Gedichte sind in zwei Tönen abgefasst (der erste MF. 20, 1—25, 12; der zweite 25, 13—30, 33), die sich in auffallender Weise unterscheiden. Sprechen wir zuerst vom zweiten. Weiteres Ausholen ist nöthig.

Der Ton MF. 3, 7 wird oft Moroltstrophe genannt. Aber so wie ihn die Herausgeber, und gewiss mit Recht, dargestellt haben, ist das nicht richtig. Es liegt eine vierzeilige Strophe vor: ein Reimpaar von vier Hebungen stumpf, darauf ein zweites Reimpaar von drei Hebungen klingend mit einer Waise von vier Hebungen stumpf vor der letzten Zeile. In der Moroltstrophe dagegen besteht das zweite Reimpaar aus vier Hebungen stumpf, [2)] und die Waise ist (so weit man urtheilen kann) in der Regel klingend: das Verhältnis von Waise und Reim also wie z. B. in der Nibelungenstrophe.

Wer den Ton MF. 3, 7 Moroltstrophe nennt, legt auf den (wahrscheinlichen) Unterschied der Waisen kein Gewicht und fasst die Reime *darben*: *armen*, *ufzen*: *verufzen* als zweisilbige stumpfe auf. Das ist auch jedenfalls die Entstehung der Strophe (wenn wir von der Waise absehen), dass in der gewöhnlichen Strophe von vier viermal gehobenen Zeilen das erste

1*

Reimpaar regelmässig einsilbigen, das zweite regelmässig zweisilbigen Reim
bekommt. Aber eben in dieser regelmässigen Abwechslung von ein-
und zweisilbigem Reim liegt die Anerkennung des zweifachen Reim-
geschlechtes, die Entstehung des Unterschiedes zwischen männlichem und
weiblichem, stumpfem und klingendem Reim.

Die Form der Waise beruht auf der altüblichen Verlängerung der
letzten Zeile der Strophe, welche ihrerseits vielleicht aus musikalischen
Gewöhnungen hervorgegangen ist (s. Denkm. S. 293 [310⁹]). Die verlängerte
Zeile wurde durch Caesur so getheilt, dass jede Hälfte dem regulären Masse
der viermal gehobenen Zeile gleich kam.

Als Grundform der Moroltstrophe können wir demnach die gewöhn-
liche vierzeilige Strophe mit verlängerter letzter hinstellen. Und wie
Strophen von vier und sechs Zeilen (zwei und drei Langzeilen) in der
volksthümlichen Reimpoesie seit ältester Zeit neben einander bestanden
(Denkm. S. 283 [297²]), so dürfen wir auch eine sechszeilige Strophe mit
verlängerter letzter ohne weiters statuieren.

Dem Tone MF. 3, 7 würde nach dem Gesagten eine Strophe zu
Grunde liegen etwa von der Form:

> 4 Heb. stumpf *a*
> 4 Heb. stumpf *a*
> 3 Heb. klingend *b*
> 3 + *x* Heb. klingend *b*.

Setzen wir 2 statt *x*, also 5 Heb., so gewinnen wir eine Grundform
(ich nenne sie *A*), die sich in abgeleiteten Gestalten thatsächlich nachweisen
5) lässt. Zunächst in der Strophe der Ravennaschlacht.[1]) Die zweite Hälfte
ist genau so geblieben wie in *A.* Für die erste Hälfte müssen wir eine
ältere Zwischenform (*R*⁹) hypothetisch statuieren, worin die erste Reimzeile
um eine Hebung gekürzt war, wie die drei ersten Reimzeilen der Nibelungenstrophe, und worin jeder Zeile eine klingende Waise von 3 Hebungen
vorgeschoben war. Diese Waisen sind in dem uns vorliegenden Ton unter
einander gereimt.

Aber auch die zweite Hälfte von *A* ist einer Umgestaltung durch
eingeschobene Waisen fähig. Und zwar ist es unserer Beobachtung an der
Moroltstrophe und MF. 3, 7 gemäss, diese Waisen stumpf zu denken, weil
die umgebenden Reimzeilen klingend sind; umgekehrt würden stumpfen
Reimen klingende Waisen entsprechen, wie in den Nibelungen. Eine alte
wieder in jüngerer Umbildung nachweisbare Strophenform entsteht durch
Einschiebung einer Waise vor der letzten Reimzeile, also (ich nenne die
Form *B*):

---

1) In dieser Strophe scheint auch das Gedicht von dem 'Bauer der des Edelmanns
faule Tochter und träges Pferd meisterte' abgefasst: s. Docen Iduna und Hermode
1812, S. 167.

          4 Heb. stumpf a.
          4 Heb. stumpf a.
          3 Heb. klingend b.
          4 Heb. stumpf Waise. 5 Heb. klingend b.

Für A war das charakteristische, dass die verlängerte Zeile klingend reimt. Wenden wir das auf die sechszeilige Strophe an, so würden sich 4 stumpfe Reimzeilen von 4 Hebungen (aa bb) ergeben, dann 3 : 5 Heb. klingend. Nach der Form B käme eine stumpfe viermal gehobene Waise vor der letzten Zeile hinzu.

Damit erhalten wir den zweiten Spervogelton.

Auf B führen nun aber noch andere Töne zurück. So Wolframs Titurelstrophe. Wir haben eine Zwichenform R' zu statuieren, welche sich von R^a nur dadurch unterschied, dass die zweite Hälfte nach der Form B erweitert war. Daraus bildete Wolfram seine Strophe, indem er die dritte Reimzeile auf das Mass der vierten brachte und die stumpfen Reime der beiden ersten Zeilen in klingende verwandelte. Aber auch die Waisen gehen meist klingend aus.

Ebenfalls R' scheint der Kudrunstrophe zu Grunde zu liegen: die zweite Reimzeile ebenfalls um eine Hebung verkürzt, die Waise auf alle Zeilen ausgedehnt, aber wieder klingend: das hatte hier wie bei Wolfram wohl das allmächtige Beispiel der Nibelungenstrophe bewirkt.

Also Spervogels zweiter Ton ist eine volksthümliche Form, mit Strophen verwandt, in denen Ravennaschlacht und Kudrun, Lieder des germanischen Epos, gesungen wurden. Beachtenswerth, dass die Namen [4] der Heldensage, welche die Gedichte des zweiten Spervogeltons erwähnen, Fruot und Rüedeger, gerade auch in den genannten Werken vorkommen.

Dem gegenüber nun der erste Spervogelton.

Man sieht, dass der zweite zu Grunde liegt und umgestaltet wurde. Aber die Methode der Umgestaltung ist nicht mehr die volksthümliche. Zwar dass die Waise (von 4 Heb. stumpf.) auch der dritten Reimzeile vorgeschoben erscheint, hat nichts auffallendes. Auch dass die dritte und vierte Reimzeile wie bei Wolfram einander gleich gemacht sind, aber in ungekehrtem Sinne, so dass beide nun drei Hebungen zählen, möchte noch hingehen. Aber ganz im Geiste der höfischen Kunst ist die Verlängerung der beiden ersten Zeilen auf je sechs Hebungen. Und in jener Umgestaltung des letzten Reimpaares hatte der Dichter einen Vorgänger in dem Verfasser von MF. 30, 34. Sein eigenes Werk ist also gerade nur die Verlängerung.

Im zweiten Tone mithin volksthümliche, im ersten eine Bildung mehr höfischer Kunst.

Ferner: im zweiten Ton finden sich, wie in den Nibelungen, bei aller Anerkennung des Unterschiedes zwischen stumpf und klingend, doch noch zweisilbige offenbar stumpfe Reime, die ohne Regel für die stumpfen der beiden ersten Reimpaare eintreten. So etwas kommt im ersten Ton nicht mehr vor.

Dazu treten ganz verschiedene Stufen der Genauigkeit des Reimes. Wir treffen in den 28 Strophen des zweiten Tons die consonantisch ungenauen, theils stumpfen, theils klingenden, theils zweisilbig stumpfen Reime 26, 22 *benam : man;* 27, 3 *erarget : darbet;* 27, 13 *grœwé : alicæré;* 27, 17 *stige : schriet;* 27, 29 *leben : pflegen;* 28, 8 *grinén : vermidén;* 28, 13 *starc : kart;* 28, 17 *eine : teile;* 29, 6 *langé : mánné;* 29, 13 *hárté : gartén;* 29, 24 *teilen : leide;* 29, 34 *éré : sélé;* 30, 20 *tage : grabe;* 30, 22 *kéisér : kéisén* (30, 6 *man : gán* kommt nicht in Betracht). Dazu der vocalisch ungenaue 30, 27 *wáldés : güldés.* Dem gegenüber stehen in den 33 Strophen des ersten Tones nur 20, 14 *éren : lére;* 20, 25 *sin : bi;* denn 24, 1 *an : entstán;* 24, 19 *dan : getán* bringe ich wieder nicht in Anschlag. Also zwei Beispiele gegen dreizehn und zwei Beispiele der leichtesten Art. Man gewahrt endlich bald, dass im zweiten Ton oft die Senkungen fehlen, im ersten nur innerhalb desselben Wortes (20, 18 *Spérvögel;* 22, 9 *ármüete*) und in der formelhaften Redeweise 22, 29 *ést hiute min, morne din* (Haupt Zs. 11, 578), also in der Regel nie.

Die Strophen des zweiten Tones zeigen mithin eine beträchtlich ältere Kunstweise als die des ersten. Aber kann nicht ein und derselbe Dichter zu einer neuen Manier übergegangen sein, sich neu aufkommenden Gesetzen bequemt haben? Im allgemeinen gewiss, aber schwerlich in diesem Falle.

Betrachten wir die Persönlichkeiten etwas näher, welche uns aus den Strophen beider Töne entgegen treten.

Der Dichter des zweiten Tones ist ein Bauernsohn, es stand ihm frei das Land zu bebauen, wie wahrscheinlich seine Eltern und Voreltern gethan (26, 30). Er zog das unsichere Leben eines Spielmannes vor, wobei der Vortrag von Liedern der Heldensage, auf die er wiederholt anspielt, vermuthlich sein Hauptgeschäft ausmachte. Aber durch Talent und Tüchtigkeit gelang es ihm auch als Fahrender sich emporzuarbeiten, die höheren Schichten der Gesellschaft erschlossen sich ihm (*ze hove* 26, 13. 25) und die Freigebigkeit adeliger Gönner, wie Walther von Hausen, Heinrich von Gibichenstein, Heinrich von Staufen, Wernhart von Steinberg, setzte ihn in den Stand, sogar eine Familie zu gründen (25, 13). -

Aber allerdings, so weit gieng auch die grösste Freigebigkeit solcher Mäcenaten nicht, dass der Dichter Vermögen sammeln, sich ein sorgenreies Alter bereiten und seinen Kindern einen zum Leben genügenden Besitz hinterlassen konnte: auch sie muss er auf die Gnade ritterlicher Beschützer vertrösten (25, 18. 19). Seine eigenen Protectoren, unter denen Wernhart von Steinberg durch ungemessene Grossmuth hervorragte, waren

einer nach dem andern dahingestorben (25, 20 ff.). Er lobt zwar noch die
Erben des Steinbergers, *der werden Oetingære stam* (26, 11), aber er scheint
mehr Hoffnungen auszusprechen als Erfahrungen. Denn viel hat er nun zu
klagen: *die herren sint erarget* 27, 3. Er muss mit ansehen, wie man alters-
schwache Genossen mitleidslos behandelt (26, 20 ff.), und bald geht es ihm
selbst nicht besser. Vergebens schüttelt er wiederholt den fruchtbeladenen
Ast (29, 13 ff.). Bitter bereut er, dass er in seiner Jugend nicht zum Pfluge-
griff 26, 30) und jüngeren Genossen räth er sich ein Haus zu bauen und   6)
dem fahrenden Leben zu entsagen (27, 1). Das empfindet er am schmerz-
lichsten, dass er im Alter nicht einmal ein eigenes Haus besitzt (26, 33.
27, 4. 27, 11): beim rauhesten Wetter ist er obdachlos (27, 6 ff.) und
immer auf der Fahrt (26, 28). Seine Sehnsucht ist ihm nicht erfüllt
worden, er war darin weniger glücklich als Walther von der Vogelweide.

 Aber die äusserlich würdige Stellung, welcher dieser Mann in der
Zeit seiner vollen Kraft eingenommen hat, trägt doch ihre Früchte. Sie
hat ihm innere Sammlung und Festigkeit gegeben. Was die Spitze der
geistlichen Poesie des 12. Jahrhunderts ausmachte, das individuelle Schuldgefühl, wie es im Arnsteiner Marienleich, in der Vorau-Zwettler, in der
Millstädter Sündenklage, in Heinrichs Litanei hervortritt — das finden wir
auch bei ihm, er ist mit seinem Seelenheile ernsthaft beschäftigt. Er habe
lange dem Teufel gedient, sagt er, in dessen Gefangenschaft er sich be-
finde, und betet zum heiligen Geist, dass er ihn erlöse (29, 6).

 Dazu stimmt, dass er im Sinne der geistlichen Litteratur kurze fromme
Lehrsprüche dichtet über die Weihnachts- (28, 13), über die Osterzeit
(30, 13. 20) und ein Gebet zur Feier von Gottes Allmacht und Allwissen-
heit (30, 27): aber — was Beachtung verdient — nichts zum Preise Mariens.
In der Weise der Predigt und vieler geistlicher Gedichte beschreibt er
Hölle und Himmel (28, 20. 27) und mahnt zum Kirchenbesuch (28, 34).

 Dazu stimmt seine didaktische Richtung überhaupt, ob sie sich nun
in Fabeln, Parabeln oder directer Lehre ausspricht. Insbesondere sein Eifer
für die Heiligkeit der Ehe (29, 27 ff.) und der religiöse Ernst, mit dem
er der ritterlichen Gesellschaft entgegen tritt, deren Hauptbegriff die *êre*
ist, und sie ermahnt daneben das Wohl der Seele nicht zu vernachlässigen
(29, 34 ff.).

 Man muss die Ausgelassenheit der Carmina Burana mit solchen
Strophen vergleichen, um die gehaltenere Art des Mannes ganz zu würdigen.
Auf Seite des Laien der sittliche Ernst und die christliche Gesinnung.
Auf Seite des Klerikers die Sinnlichkeit, der Leichtsinn, die überschäumende
heidnische Lebenslust. Aber freilich dort ein gedrücktes beengtes Gemüth
und schwunglose prosaische Form. Hier ein stolzer souveräner Geist und
die Vollkraft künstlerischer Genialität.

 Wenn sich aus vorstehender Charakteristik nichts ergäbe, als dass
der Verfasser der Strophen des zweiten Tones ein bejahrter Mann ist: 7)

soll der noch am Ende seines Lebens eine neue Dichtweise ergriffen, den Forderungen einer jüngeren Mode so weit gehende Concessionen gemacht haben?

Und nicht bloss in der äusseren Kunstform, auch innerlich müsste er ein anderer geworden sein.

Sprüche geistlichen Inhalts hätte er gar nicht mehr gemacht, während andere Dichter sich gerade in höherem Alter dieser Richtung eher zuwenden.

Auch die Thierfabel wäre von ihm nicht mehr gepflegt worden. Die Parabel ist auf 23, 29 beschränkt, und 23, 13 ist eine. Nachahmung von 29, 13 (vergl. Walther 20, 31), wie wohl niemals ein Dichter sich selbst nachahmen wird. Die innere Verschiedenheit wird durch die äussere Verwandtschaft nur heller ins Licht gesetzt.

Während er von geistlicher Dichtung und Thierfabel sich abwendet, hätte der Dichter die Priamel neu aufgenommen, die er früher verschmähte.

Das Starre, Trockene, oft Unverbundene und Steife seines Vortrages, der sich meist dicht an dem Thatsächlichen hält, müsste er abgestreift haben. Die frühere persönliche und individuelle Weise hätte sich zurückgezogen, um einer abstracteren verallgemeinernden Platz zu machen: Alle Nennung von Namen der Gönner oder Genossen wäre verbannt, die Anspielungen auf die Heldensage verschwunden.

Noch immer sind die Gedichte wahrscheinlich vorzugsweise Gelenheitspoesie. Aber die Veranlassung lässt sich oft schwer erkennen, und manchmal kann man gar nicht sagen, ob eine Strophe überhaupt durch einen bestimmten Anlass hervorgerufen ist · oder nicht. 24, 1 kann ebensowohl ein Spottgedicht auf eine Dame sein, als ein Lobgedicht: und so wie es sich gibt, ist es weder das eine noch das andere, sondern eine blosse Gnome.

So weiss man auch mehrfach nicht, ob der Dichter von eigener Erfahrung ausgeht oder von einer fremden, der er nur als Zuschauer gegenüber steht. Darum sind die Lebensverhältnisse des Dichters und seine Beziehungen zu Protectoren, die im zweiten Tone so offen daliegen, hier sehr versteckt.

Nur dass auch hier ein armer Fahrender redet, erhellt mit Bestimmtheit aus der schon erwähnten nachgeahmten Strophe 23, 13 und wohl auch aus 29, 33 „Wer mich schlecht behandelt, weil ich arm bin, den werde ich meinerseits verachten, wenn ich einmal reich werde; und warum sollte das nicht geschehen? Der Rhein fängt auch als ein schmales Flüsschen an." Zwar sprechen die didaktischen Dichter von sich oft nur beispielsweise, wo sie ebensogut „jemand" oder „der Mensch" setzen könnten: aber kaum darf man den vorliegenden Spruch so auffassen.

"Alles übrige, was man persönlich deuten könnte, ist mehr oder weniger unsicher.

Die Parabel 23, 29 kann über Undank klagen, den der Verfasser erfahren haben will. Wer will aber sagen, ob das Klagelied über die Armut (22, 9) sich auf eigene Erlebnisse bezieht? Es scheint eher einen heruntergekömmenen Reichen im Auge zu haben. Die Priamel 21, 5 erhält im Munde eines Bedürftigen den prägnantesten Sinn und lässt sich insofern mit Strophen zweiten Tones wie 26, 27 oder 27, 6 vergleichen, worin das Los des Armen und Reichen gegenüber gestellt wird. Die Priameln 21, 13 und 21, 21 scheinen sich über unbelohnten Dienst zu beschweren. 25, 5 spricht vielleicht des Dichters Dank für die freundliche Aufnahme aus (vergl. HMS. 3, 33 *Der gruoz den gast vil schône trôut* usw.). Mit 22, 17 konnte er etwa einen nach Hause zurückkehrenden Beschützer begrüssen. Mit 24, 25 trauert er wohl um einen hohen Herrn, wie im zweiten Ton Wernhart von Steinberg u. a. beklagt werden. In 21, 29 scheint er bemüht, die bisher zurückgehaltene Freigebigkeit eines jungen Gönners in Fluss zu bringen: nur so lässt sich meines Erachtens für die lose aneinander gereihten Sprüche einheitliche Beziehung finden.

Der Dichter fühlt sich zurückgesetzt und scheint demjenigen, von dem er Gunst erwartet, zu sagen: „Du lässet mich dürftig einhergehen und stattest andere reichlich aus, die weniger wert sind als ich. Es kommt von deiner Unerfahrenheit, dass du dein Gut sparst, anstatt dir Ehre damit zu erwerben (vergl. 22, 5 *swem daz guot ze herzen gât, der gicinnet niemer êre* und *êren pflegen* 26, 8): wärst du älter, so würdest du das einsehen, aber bedenke, dass ein Mann sich Achtung verschafft durch Treue und durch weise schöne Frage", d. h. dadurch, dass er auf weisen Rath hört: ähnlich beschwert sich vielleicht 24, 33 der Dichter, dass man den Rath nicht befolgt, den er auch 20, 15 anbietet. Er schliesst mit der versteckten Drohung: „Wenn du mich nicht freundlich behandelst, so sind 9) wir geschiedene Leute." Seine Worte sind:

liebe meistert wol den kouf:
sô scheidet schade die mâge.

„Bei gegenseitiger Zuneigung und Freundlichkeit wird leicht ein Kauf abgeschlossen: dagegen sieht man, dass selbst Verwandte sich trennen, wenn ihnen Schaden aus ihrer Verbindung erwächst." (Vergl. Marner C 51, Hagens Minnes. 2, 244ᵇ *schade scheidet liebe mâge.*) So werde auch ich mich von dir trennen, will er sagen, — ich, der ich gar nicht einmal mit dir verwandt bin, wenn ich nichts als Schaden von dir habe.

Ähnlich scheint der Dichter in 22, 1 mit dem *biderben man* sich selbst zu meinen und den Wert zu betonen, den seine Freundschaft und Ergebenheit für den *herren* (vielleicht denselben, den 21, 29 angeht) haben könne, wenn diesem *widersaget* würde. Man stellt sich unwillkürlich

eine Fehde vor, worin der Dichter auf der einen Seite steht und die
Gegner mit Spottliedern überschüttct (wie solche in 20, 1 und 23, 21 erhalten scheinen); während er die eigene Partei ermuntert und tröstet. Ein
solches Trostgedicht nach einem solchen Misserfolg ist offenbar 20, 25, wo
die Anrede an *vil stolze helde* (vergl. Haupt Zs. 13, 326) den Gedanken
an eine Schlacht so nahe legt, dass Lassberg (Briefw. mit Uhland S. 85)
in argem Irrthum über das Zeitalter des Verfassers, eine Anspielung auf
die 1315 verlorene Schlacht bei Morgarten darin erblicken konnte. Als ein
Trostgedicht, wenngleich mit anderer Beziehung, kann man auch 22, 25
betrachten. —

Nach allem Vorangegangenen glaube ich, wir können kaum anders,
als die hohe Wahrscheinlichkeit zugestehen, dass jeder der beiden Töne
von einem besonderen Dichter herrührt. ·

Welcher von diesen Dichtern hiess Spervogel?

Ich denke, der Verfasser des ersten Tones. Unmittelbar vor den Gedichten dieser Strophen steht der Name in *AC.* Und n u r Strophen der
ersten Form überliefert ein von *AC* unabhängiger Zeuge, die Hdschr. *J*,
als Spervogelisch. Auch eine der in *AC* erhaltenen Strophen selbst lässt
sich zur Bestätigung herbeiziehen: ich meine 20, 17—24.

In dem vorgehenden Spruche heisst es am Schlusse (*man*) *neme*
10) *ze wîsem manne rât und volge ouch sîner lêre* Darauf bezieht sich, wie
Haupt Zs. 11, 579 bemerkt, die erwähnte Strophe mit den Worten

> *swer suochet rât und volget des, der habe danc,*
> *alse mîn geselle Spervogel sanc.*

„Wer nun nicht in bodenlose Einfälle sich verlieren will, fährt Haupt a. O.
fort, dem wird hierdurch als erwiesen gelten, dass der Dichter der
Strophen dieses Tones Spervogel hiess.“

Über den Spruch selbst, der das Citat enthält, verweist Haupt auf
Hoffmanns Fundgruben 1, 268 und fügt hinzu, dass das dort Gesagte auch
Anwendung leide auf die Strophe bei Walther 119, 11:

> *Hœrâ, Walther, wies mir stât,*
> *mîn trûtgeselle von der Vogelweide.*
> *helfe suoche ich unde rât :*
> *die wol getâne tuot mir vil ze leide.*
> *kunden wir gesingen beide,*
> *deich mit ir müeste brechen bluomen an der liehten heide!*

Hoffmann a. O. meint, der Ausdruck möge auf stellvertretenden Vortrag
durch einen anderen berechnet sein. Die Annahme ist gewiss möglich, aber
sie ist nicht die einzig mögliche. Wenn Wilmanns (Walther S. 339[1]) bemerkt,
„die Strophe ist von einem gedichtet, der seiner Geliebten Walthers Minnelieder vortrug“: so hat das ganz eben so viel für sich. Ja, das Bedenken wird

sich immer erheben, warum denn Spervogel, wenn er selbst jenen Spruch dichtete, sich durch die Fassung desselben die Möglichkeit benommen haben sollte, ihn in eigener Person vorzutragen.

Ich bleibe daher bei der einfachsten Vermuthung stehen, die sich jedem zuerst aufdrängen wird, und erblicke mit Wackernagel Litteraturgeschichte S. 228 [294¹] Anm. 22 in dem Spruche das Gedicht eines Mitfahrenden, das unter die Spervogelschen aufgenommen wurde. Spervogel wird darin citiert wie 27, 35 ein anderer Fahrender, Kerling. Die Strophe war vermuthlich an den Rand derjenigen geschrieben, auf die sie sich beruft. Dass diese Annahme nicht unbedingt sicher sei, muss man Haupt MF. S. 238 [240²] freilich zugeben. Aber ihre Wahrscheinlichkeit wird niemand bestreiten. Die Bedeutung der Strophe als Zeugnis dafür, dass Spervogel die Gedichte des ersten Tones verfasst habe, bleibt selbstverständlich von dieser Frage unberührt.

Gehört nun der erste Ton dem Spervogel, so wird der zweite namenlos: 11) die Folgerung lässt sich schwer abweisen. Doch vergl. unten den Abschnitt über den jungen Spervogel.

Simrock wollte nach 26,20 den Verfasser Heriger nennen. Aber die Grundlosigkeit dieser Annahme ist schon von Haupt S. 238 [240²] hervorgehoben. Eben so gut könnte man vermuthen, der Dichter habe Gebehart geheissen, nach 26, 15: Kerling ist wirklich ein Freund und Genosse des Dichters (27, 1. 35), er konnte, wenn er Gebehart hiess, sich über eine momentane Entzweiung so äussern, wie er 28, 13 ff. thut, indem er damit zugleich seine Bereitwilligkeit zur Beilegung des Streites durchblicken liess. Aber eben so gut konnte er Misshelligkeiten zwischen zweien anderen Fahrenden in dieser Weise behandeln, um auf deren Versöhnung hinzuwirken.

Wir können also den Verfasser des zweiten Tones nicht errathen und müssen ihn uns als Anonymus gefallen lassen. —

Fragen wir schliesslich nach Zeit und Heimat der beiden Dichter.

Aus Haupts urkundlichen Nachweisungen (Hartm. von Aue Lieder und Büchl. S. XVL Minnes. Frühl. S. 237 f. [238 f²] Zeitschr. 13, 326) ergibt sich mit Wahrscheinlichkeit, dass der Anonymus nach 1175 noch lebte: Walther von Hausen kommt 1173 zuletzt vor, Heinrich von Staufen 1177 (MF. 238 [239²] oder, wenn der ältere Steveninger gemeint ist (MF. 232 [233¹]), 1175; der letzte Steveninger († 1184) ist wohl zu jung und sein Tod zeitlich zu entfernt von dem der anderen, mit denen ihn der Dichter 25, 21 in einem Athem beklagt.

Dieselbe Stelle zeigt den Dichter in Verbindung mit baierischen und pfälzischen Dynastengeschlechtern, ja Heinrich von Gibichenstein führt tiefer nach Norddeutschland hinein. Wir befinden uns ungefähr auf dem Boden, wo mit Dietmar von Aist, mit Friedrich von Hausen, mit Hug von Salza (MF. S. 245 [247²]) die neue Kunst der höfischen Lyrik erblühte. Zu dem Vater

Hausens und vielleicht zu dem Burgrafen von Regensburg, den baierischen Vorläufern des Österreichers Ditmar von Aist, sehen wir den Anonymus in persönlicher Beziehung: An welchem *hove* das Gedicht über Kerling und Gebehart (und demgemäss auch wohl das andere, worin er Kerling citiert) gedichtet wurde, lässt sich ziemlich genau bestimmen. Gebehart ist mir von Müllenhoff urkundlich nachgewiesen.

12) Im Schenkungsbuch des Klosters St. Emmeram Nr. 216 (Quellen und Erörterungen zur baierischen und deutschen Geschichte 1, 110) unter Abt Pernger (1177—1201) findet sich *Gebehart gigare* als Zeuge. In einer Prüflinger Urkunde Nr. 63 (Mon. Boica 13, 69) *Gebehart Cytarista*. Dann — wohl nach dieses Gebeharts Tode — in einer Weltenburger Urkunde von etwa 1180 (Mon. Boica 13, 342) *Gebhart filius Gebehardi histrionis*, in einer anderen ebenda von 1187 nochmal *Gebhart filius Gebhardi histrionis*.

Alles in Regensburg oder nahe dabei. Und in der Prüflinger Urkunde stehen daneben als Zeugen *Sigefridus et frater eius Hartwicus ministeriales Heinrici prefecti* (d. i. des Burggrafen von Regensburg) und *Sigbot de Stoüfe*.

In Regensburg also — und doch wahrscheinlich an dem Hofe des Burggrafen Heinrich (1161—1176) — finden wir unseren Anonymus, den Spielmann Gebehart, seinen Genossen Kerling und ausserdem einen sonst nicht bekannten *Liupold cithareda* (Quellen und Erörterungen 1, 131 Nr. 252 unter demselben Abt Pernger) beisammen.

Sie überlieferten die Kunst des Gelegenheitsgedichtes (vergl. unten über den Spruch) wenigstens dem älteren der beiden burggräflichen Dichter. —

Hiermit ist ungefähr das Gebiet umschrieben, auf dem wir die Heimat des Anonymus zu suchen haben.

War er ein Pfälzer? War er ein Mitteldeutscher? Die Sprache Friedrichs von Hausen bietet sich zunächst zur Vergleichung dar. Dessen mitteldeutsche Reime aber sind bekannt und selbst die Überlieferung seiner Gedichte ist nicht frei von weiteren Spuren. Wenn 46, 21 *B* das richtige *ich hete liep* darbietet und *C ich hete ein leben*, so ist klar, dass ein mitteldeutsches *lîp* mit *î* für *ie* in der Urhs. stand. Der Schreiber der 44, 26 *arn is* (d. i. *arn iz, arne ich ez*) durch *arnez* ersetzte, war gewohnt mitteldeutsches schwaches *i* der Flexion und Ableitung in sein hochdeutsches *e* zu verwandeln. In 47, 10 führt das in *BC* überlieferte *waren*, wofür Lachmann *varnt* setzt, auf die III. Plur. Indic. *varen*; wie 49, 6 beide Hss. *tuon* für *tuont* bieten. Wäre es erlaubt, auf das obige *lîp* für *liep* hin, sich 53, 31 näher an das überlieferte *si wennet dem tôde entrunnen sin* zu halten und zu schreiben

13) *si wænent deme tôde entflin*? Auch 44, 31. 32 möchte ich herbeiziehen. *C*, unsere einzige Quelle dafür, bietet

Swes got an frowen aller tagen
des en kan mir an ir nieman gewéren.

Die nächste Zeile lautet: *wan als ich ir muos min angest sagen*, eine Hebung zu viel: *C* hat mit einer oft angewendeten Methode das Verbum finitum durch ein Hilfsverbum mit dem Infinitiv jenes Verbums ersetzt, um durch das so gewonnene *n* am Schlusse genauen Reim einzuführen. Lachmanns Besserung *wan als ich ir mîn angest sage* ist daher sicher. Zugleich ergibt sich, dass in der entsprechenden Reimzeile ein solches *-en* gestanden muss und dass man also nicht etwa setzen darf: *sîres gote an frowen wal behage*. Lachmann schreibt:

> Swaz got an frowen hât erhaben,
> darn kan an ir nieman gemêren

Dann würde aber diese Strophe genau mit demselben Gedanken anfangen, wie die vorhergehende [1]), und vollends mit der Erklärung des Verderbnisses stünde es misslich. Wenn der Schreiber von *C* ein ihm vor-liegendes *hât erhaben* änderte, warum wählte er dafür etwas absolut sinn-loses? Er ist sonst doch nicht so ungeschickt. Und wenn ihm schon nichts besseres einfiel, weshalb setzte er nicht *aller tage*, um wenigstens der abermaligen Änderung in der correspondierenden Reimzeile überhoben zu sein? Die Worte *aller tagen* haben vielmehr das Ansehen einer mehr ein-gewurzelten und aus Lesefehler entstandenen Verderbniss. Aber diese mit Sicherheit oder hoher Wahrscheinlichkeit zu erkennen, ist schwer. Nur dass in *all* das Auxiliare *sal* stecke, darf man vermuthen. Vielleicht also *Swaz güete an frowen sal ertragen*. Der Anfang wäre aus einem miss-verstandenen *Swaz got an* unter Einwirkung des vorhergehenden Strophen-beginnes *Swes got an* entstellt. Doch klingt mir die Wendung etwas affectiert für Friedrich von Hausen. Dagegen möchte ich im zweiten Vers unbedenklich *dern kan min an ir niet gemêren* vorschlagen und dieses *min* für *man* als einen neuen Beleg für mitteldeutsche Aufzeichnung geltend machen.

Solche oder ähnliche Erscheinungen müssten uns in der Sprache des Anonymus entgegen treten, wenn die Hütte seines Vaters in der Nähe der [14]) Bürgen Walthers von Hausen oder Heinrichs von Gibichenstein gestanden hätte.

Wir nehmen also an, dass er aus Baiern stammte.

Um seine litterarischen Voraussetzungen zu würdigen, erinnern wir uns, dass am Hofe Heinrichs des Stolzen, im Jahre 1131 oder 1132, der Pfaffe Konrad sein Rolandslied vollendete (Gödeke Grundriss S. 22; Schade Decas p. 65). Ebendort scheint die grosse Compilation der Kaiserchronik unternommen zu sein, die im Anfang der Vierziger Jahre bald nach dem Tode der Kaiserin Richenza (19. Juni 1141) zum ersten Abschluss gedieh [1])

---

[1]) Dieser Grund spricht auch gegen *Swas got an frowen sal betagen.*
[1]) Ich komme hierauf wie auf die ganze Litteratur des elften und zwölften Jahr-hunderts in der Folge dieser Studien zurück. Doch will ich gleich hier daran erinnern, „dass es damals vorzugsweise baierische Klöster waren, welche dem

Darin wird bekanntlich gegen die Heldensage und ·zwar speciell gegen Gedichte aus der Dietrichsage polemisiert (Gervinus 1, 181⁴[272¹]). Mit Bezug hierauf verwahrt sich der fränkische Spielmann, der im Interesse baierischer Adelsgeschlechter den König Rother dichtete, man dürfe sein *liet* nicht mit den 'anderen' gleichstellen (4785), es sei nicht *von lügenen gedihtet* (3484).

Wie die Verfasser des Roland und Rother Franken waren·und die Kaiserchronik mindestens vielfach aus fränkischen Quellen schöpfte, so wird auch das älteste Gedicht von Herzog Ernst zwar von einem niederrheinischen Spielmanue, aber wohl in Baiern gedichtet sein, wo man es vor 1186 las, wo der Stoff in höfischen Kreisen ganz besonders beliebt war (Helmbr. 955) und wo die beiden Bearbeitungen zu Ende des 12. (?) und zu Ende des 13. Jahrhunderts gemacht wurden (Bartsch S. XXXVI. LVII). ·

Weniger sicher gehört der Priester Wernher hierher, dessen·drei Liedern von der heil. Jungfrau·man Albers Tungdalus und den heil. Ulrich von Albertus als fernere Muster baierischer Legendenpoesie zur Seite stellen kann.

Das merkwürdige Gedicht vom Himmelreich (Za. 8, 145), der Messgesang (Denkm. Nr.̄ 46) und das patriotische Osterspiel vom Antichrist (Pez Thesaur. anecd. 2, 3, 185) mögen das Bild der baierischen Kunstpoesie des 12. Jahrhunderts in den Umrissen vollenden. Daneben blühte die Volkspoesie. ·

Was die Epik betrifft, so deutet die Kaiserchronik auf Gedichte aus der Dietrichsage, wie ich bereits erwähnte. Und dazu stimmt, dass in der That der Alphart in Baiern verfasst sein muss (Martin S. XXVII; Litt. Centralbl. 1868, S. 978). Der Pfaffe Konrad spielt mit Wate wahrscheinlich auf die Kudruhsage an (Heldens. 3. 55, 2. Ausg.) und diese war schon in der zweiten Hälfte des 11. Jahrhunderts in Oberbaiern verbreitet (Müllenhoff Zs. 12, 313 ff.). Dazu stimmt der Name Fruot beim Anonymus vortrefflich, und sein Rüdiger wird eher aus einem Liede der Dietrichsage, als aus einem Nibelungenliede stammen.

Aus der volksthümlichen Liebeslyrik hat uns der bekannte Tegernseer Brief die hübsche Strophe *Dû bist mîn, ich bin dîn* erhalten. Und das volksthümliche Tanzlied findet in dem Baiern Neidhart von Reuenthal einen ritterlichen Vertreter, dem sich alsbald sein Landsmann Friedrich der Knecht (*Fridericus puer* einer ·Regensburger Urkunde von 1218, Hagens Minnes. 4, 479) anschloss. Die satirische Beobachtung des Volkslebens, welche hiermit eröffnet wurde, führte dann zu Erzählungen wie der Meier Helmbrecht.

Particularismus der deutschen Stämme entgegen arbeiteten" (Giesebrecht über einige ältere Darstellungen der deutschen Kaiserzeit S. 8) und die Geschichte im kaiserlichen Sinne behandelten (Giesebrecht a. O. S. 18 ff.).

- · Für die volksthümliche Gnomik bietet schon die Kaiserchronik Belege
dar, auf die ich unten zurückkomme. Diese Richtung fasst der Anonymus
in mannigfaltiger Ausbildung zusammen. Er ist — wenn auch lediglich
durch den Umstand, dass um seine Zeit die Volkslitteratur
erst Schriftlitteratur wurde — der Ahnherr der deutschen Didaktik;
auf seinem Gebiete die erste dichterische Persönlichkeit, welche unsere
Litteraturgeschichte aufzuweisen hat. In ihm erscheint die bürgerliche
Litteratur zuerst auf dem Platze. Er ist der älteste uns persönlich, nur·
nicht namentlich bekannte Träger´des Geistes, welcher nachher Jahrhun-
derte´ lang unsere Poesie beherrschte, bis ihn der verjüngte Nationalgeist
im Bunde mit der verjüngten Antike bekriegte und stürzte.

Des Anonymus nächster Nachfolger ist Spervogel, ein jüngerer (weil
·im Reim genauerer) Zeitgenosse Friedrichs von Hausen. Seine Gedichte
mögen etwa zwischen 1185 und 1195 entstanden sein.

· Die Strophe 22, 33 dichtete er offenbar am Rhein, etwa am·Mittel-
rhein. Nur in der unmittelbaren Anschauung des Stromes, an einer Stelle,
wo er schon´ breit und tief ist, ·konnte er sich ausdrücken, wie er sich 16)
ausdrückt. Das im zeitlichen Sinne gebrauchte *hie vor* geht von der räum-
lichen Vorstellung´'vor der Stelle an der wir ihn sehen' aus. Anderwärts ·
würde man bei der Nennung des Rheins an den ganzen Lauf, an- die
kleinen´Anfänge eben sowohl, wie an das breitere Bette gedacht haben,
und der Dichter musste sagen: 'der Rhein fliesst zuerst.in engem Bette, _
nachher' usw.

Aber dass er Rheinländer war, folgt daraus nicht. Auch seine Sprache
zeigt keine mitteldeutschen Spuren. Denn es wäre vorschnell einen Reim
wie 20, 14. 16´*éren* : *lêre* durch den thüringischen Infinitiv *êre* genau zu _
machen.

Vielleicht darf man hiermit wie mit 20, 25 *sîn* : *bî* die Reime Günthers
aus dem Forste vergleichen, falls sich bei genauerer Untersuchung heraus-
stellt, dass er wirklich ein Baier ist: sein Wappen in der Pariser Hs.
stimmt mit dem der baierischen Forster (Hagen 4, 477) und seine Gedichte
sind in derselben Quelle mitten unter baierisch-österreichischen überliefert.

Er reimt bei von der Hagen 2, 164—168 (vergl. MS. 2, 112 bis 115.
Heidelberger Liederhs. 206—214) Str. 8, 2. 4 *erkôs* : *erlôst*; 36, 1. 3 *kündên* :
missewenden (Conj. Praet.). Ausserdem *leide* : *underscheiden* 1, 1. *sîn* : *bî* 1, 2.
gestê : *zergên* 4, 2. *mê* : *ergên* 13, 5. *ger* : *wern* 14, 5. *tragen* : *sage* 20, 5. _
sîn : *bî* 23, 5. *mê* : *ergên* 25, 5. *sagen* : *tage* 33, 1. *betiuten* : *liute* 37, 1. *belîben* :
wîbe 38, 1. Dass man nicht *sî* für *sîn* schreiben darf, wird durch *sîn* : *wîn* ·
26, 2; *mîn* : *sîn* 34, 5 ausdrücklich bewiesen; und auch jenes *kündên* :
missewenden tritt für den Infinitiv auf -*en* ein [1]. Das Participium *volant* 15, _

---

[1] Über baierische Infinitive mit Abstoss des *n* handelt Weinhold Bair. Gramm.
S. 293. Aber die „alten Belege" sind aus dem mitteldeutschen Buche der Vorausd

4, wofür wenigstens das Mhd. Wb. nur mitteldeutsche Belege gewährt, möchte ich nicht zu hoch anschlagen: *verant* und ähnliches aus Gottfrieds Trist. lässt sich herbeiziehen und III. Plur. Praet. *veranten* aus der Wiener Genesis. Ähnlich setzt der Dichter *geblant* 31, 4: er braucht eben stumpfe [17] Reime. Formen wie *gerâu* (15, 3) *umbevân* (19, 5) *hô* (34, 3) wird wohl niemand als mitteldeutsche in Anspruch nehmen.

Dennoch möchte ich über Günthers Alter und Heimat noch nicht aburtheilen. Er wäre als Landsmann und Zeitgenosse Spervogels merkwürdig genug: die Behandlung unserer ältesten Lyrik wird mich demnächst auf ihn zurückführen.

Einstweilen begnügen wir uns damit, Spervogel als Oberdeutschen anzuerkennen. [1])

Die Überlieferung.

Es wird sich nunmehr empfehlen, die Überlieferung der Gedichte Spervogels und des älteren Anonymus etwas genauer ins Auge zu fassen.

Wir besitzen sie erstens in *A* und *C*, die auf eine gemeinschaftliche Quelle zurückgehen; zweitens in *J*; Spuren einer dritten Handschrift werden sich unten ('Spielmannspoesie' unter 'Thierfabel') ergeben.

Um zuerst von der Jenaer Liederhs. zu sprechen, so machte mich Müllenhoff darauf aufmerksam, dass die dreizehn Strophen Spervogels, welche sie gewährt, nach dem Inhalte geordnet sind. [2]) Str. 1—3 (MF. 24, 9. 17. 23, 5) handeln von den Freunden, Str. 4. 5 (MF. 23, 21. 24, 1) von den Weibern. In Str. 6. 7 (MF. 21, 13. 24, 25) lässt sich schwerer ein gemeinschaftliches Thema auffinden: doch mögen sich beide auf Gönner des Dichters beziehen. In Str. 8 bis 10 (MF. 23, 13. 22, 9. 21, 10) schildert der Verfasser seine Armut und sein Missgeschick. Str. 11. 12 (24, 33. 20, 9) handeln vom Rathe, Str. 13 (25, 5) von der Gastfreundschaft.

Ähnlich sind in *D*, der Heidelberger Hs. 350, Reinmars von Zweter Gedichte im Ehrenton Str. 1—193 nach sachlichen Gruppen geordnet. Str. 1—22 z. B. geistlichen Inhalts und nicht zufällig diese vorangestellt, in

---

Hdschr. (Denkm. S. 370 [415¹]) genommen und liessen sich leicht vermehren, besonders durch den Reim *richi : gülöni* Summa theol. 31, 1. 2. Willkommen dagegen wären die Belege aus der Tochter Sion 30 und der Krone 21533. Aber an letzterer Stelle (die erstere liegt mir nicht vor) ist *vehte* (: *knehte*) nicht der Infinitiv, sondern das bekannte Femininum.

[1]) Dass der Nachweis eines Egerer Patriciergeschlechtes Spervogel aus den Jahren 1292 (?), 1340 und 1342 (H. Gradl Lieder und Sprüche der beiden Meister Spervogel, Prag 1869, S. 2) nichts zur Sache thut, versteht sich für eine wissenschaftliche Auffassung von selbst. Nur die Form des Namens ist merkwürdig und könnte Jacob Grimms Erklärung desselben zu bestätigen scheinen.

[2]) Dies bemerkt jetzt auch Hr. Gradl S. 14 (vergl. S. 18 Anm. 26 und S. 36 ff.): der einzige brauchbare Gedanke, den ich in seiner Schrift gefunden habe.

sich wieder so gegliedert, dass 1—14 meist von Trinität und Erlösung
handeln und mit dem gereimten Paternoster schliessen, dass 14—22 (14
beginnt *Ich teil iu' singen, merket daz, von unser vrouicen lop*) sich speciell
mit der heil. Jungfrau beschäftigen und zum Schluss das gereimte Ave
Maria bringen. Str. 23—55 sind der Minne gewidmet: z u e r s t (24—27)
eigentliche Liebeslieder, eingeleitet (23) durch eine Betrachtung, welche
dem Minnenden Lob spendet im Gegensatze zu denen, die an Brennen und
Rauben ihre Lust finden; d a n n (29—55) nach einem Lobspruch auf des
Dichters erwählte Dame (28) Allgemeines über Liebe und Frauen. Mit
Str. 56 beginnen moralische Sprüche, unter denen ich die Strophen (70—78)
von der Ehre, wonach der Ton seinen Namen hat, die Strophen (79—82)
vom Adel oder von der *edele* und *edelkeit*, die Strophen (101—105) vom
Verhältnis der Geschlechter in der Ehe, die Strophen (106—110) von
Turnier und Würfelspiel, die Strophen (113—117) von Trunkenheit und
Verwandtem, die Strophen (118—123) von der *milte* auszeichne. Str. 127
bis 137 wenden sich gegen Papst und Clerus, 138—149 beziehen sich auf
Kaiser und Reich. Es folgen Sprüche, in denen zunächst Gönner des
Dichters besungen und sonstige persönliche Verhältnisse erörtert werden.
Wo diese Reihe abschliesst, weiss ich nicht gleich zu sagen. Vielleicht
erst mit Str. 163: die Lügenmärchen Str. 161. 162 könnten Spottlieder.
sein. Was sich mit Str. 164 anschliesst, ist vielleicht nur ein später
hinzugekommener Anhang: dafür spricht auch die Wiederholung der 84.
Strophe als Str. 168 [1]).

Eine fernere Anordnung nach stofflichen Gesichtspunkten wird uns
sogleich in den Gedichten des Anonymus entgegen treten.

Aus der Vergleichung von *A* und *C* ergibt sich leicht die Gestalt
des ihnen beiden zum Grunde liegenden Liederbuches, ihrer gemeinschaftlichen Quelle. Diese bestand aus vier Strophengruppen:

---

[1]) Ob mit Str. 170 dann eine neue Reihe beginnt, weiss ich nicht. Hagen bezeichnet
eine Abtheilung. Aber worauf er sich dabei stützt, wird nicht ersichtlich Die.
Handschrift deutet nach Bd. 4, S. 900b Abtheilungen an bei Str. 14. 23. 56. 127.
138. — Es handelte sich hier nur darum, die Analogie geltend zu machen. Eine
Erledigung der einschlägigen Fragen konnte nicht beabsichtigt werden. Die
letzten Erörterungen über Reinmar von Zweter haben aber nur wenig die Beschaffenheit des handschriftlichen Apparates geprüft. Der Spruch über die sieben
Kurfürsten z. B. (Str. 245), der — wie mich Lorenz belehrt — aus sachlichen
Gründen eher dem vierzehnten Jahrhundert zufällt, steht mit Strophe 246 in *D*
zwischen Strophen Frauenlobs und „Konrads von Würzburg Ave", entbehrt also
jeglicher Gewähr der Echtheit. Das bedenkt weder K. Meyer Unters. über das
Leben Reinmars von Zweter S. 52, noch Wilmanns Zs. 13, 456. — Alle sachlich
geordneten Sammlungen aufzusuchen und anzuführen, war ich durchaus nicht
bestrebt. Man vergleiche noch die Göttinger Hdschr. der Gedichte Heinrichs von
Mügeln.

18 Scherer.

I. 1—11 *AC* (MF. 20. 1—22, 24) Strophen Spervogels.
II. 12—26 *AC* (25, 13—28, 12) Strophen des Anonymus.
III. 27—33 *AC.*
IV. 41—53 *A*, 34—46 *C.* (28, 13—30, 33) Strophen des Anonymus.

Was III. betrifft, so ist im allgemeinen schon eingangs (Seite 3) darauf hingewiesen. Die zu ihr gehörigen Strophen stehen im MF. S. 242 ff. [244² ff.] Nur muss man, um die Gruppe ordentlich zu übersehen, Z. 49 bis 60 wegdenken und zwischen Z. 76 und 77 die Strophe 30, 34 bis 31, 6 einschieben. Nur das zuletzt genannte Gedicht (Str. 32 *AC*) ist alterthümlich und steht in Bezug auf das Metrum zwischen dem zweiten und ersten Ton (s. oben Seite 5). Die übrigen zeigen dreitheiligen, zum Theil sehr künstlichen Strophenbau und ganz genauen Reim. Sie allo unterbrechen, wo sie stehen, die Strophen des zweiten Tons und können unmöglich dem Verfasser derselben zugeschrieben werden. Das ist an sich unzweifelhaft und wird überdies durch die Überlieferung bestätigt.

In *A* findet sich nämlich gerade vor dem Beginn von III die in *C* nicht vorhandene Überschrift *Der junge Spervogel.* Sie ist freilich, wie die Hs. einmal vorliegt, auf alles Folgende, also auf III und IV zu beziehen. Aber kaum wird man zweifeln dürfen, dass ihre ursprüngliche Bestimmung nur war, eben jene Gruppe jüngerer Gedichte zu bezeichnen. Sollte dann etwa der Schreiber von *A* oder der seiner unmittelbaren Quelle so viel Kritik gehabt haben, um diese jüngeren Gedichte als solche zu erkennen? Es wäre doch ganz wunderlich, wenn seine Kritik bis zu dieser Erkenntnis, aber nicht so weit reichte, um die Gruppe auszuscheiden und besonders zu stellen, damit die falsche Beziehung der neuen Überschrift auf IV. verhütet würde.

20) Vielmehr wird die Überschrift schon in der Quelle von *AC* gestanden haben und *C* war der Kritiker, der an einer Überschrift Anstoss nahm, welche die Strophen des zweiten Tones zerriss und zwei verschiedenen Verfassern zutheilte.

Demnach dürfen wir bei der Reconstruction der Quelle mit grosser Wahrscheinlichkeit die dritte Gruppe als Strophen des jungen Spervogel bezeichnen. Daran schliesst sich sehr natürlich die Annahme, dass III ursprünglich selbständig war und nur zufällig in das Innere des Liederbuches, das unter dem Namen Spervogel Strophen dieses Dichters und des alten Anonymus vereinigte, d. h. zwischen zwei Blätter dieses Liederbuches gerathen sei.

Daraus folgt mit Nothwendigkeit, dass die Worte 28, 12 *er stuont ze einer angesiht und gnuogez*, womit II endigt, die Rückseite eines Blattes schlossen — und die Worte 28, 13 *Er ist gewaltic unde starc*, womit IV anfängt, die Vorderseite eines Blattes begannen. Sehen wir, ob uns diese Erkenntnis vielleicht weiter führt.

Die Gruppe II besteht aus 15 Strophen, die ihrem Inhalte und ihrer Kunstgattung nach wieder in drei Reihen von je fünf Strophen zerfallen. Die fünf ersten 25, 13—26, 12 (II. 1) beziehen sich auf Gönner des fahrenden Dichters, wir können sie Gönnerstrophen nennen.[1]) Die nächsten fünf 26, 13—27, 12 (II. 2) behandeln den Stand, dem der Dichter angehörte: Klagen über die unsichere Existenz und die elende Lage der Spielleute, Verhältnisse der Fahrenden unter einander. Die dritte Reihe 27, 13—28, 12 (II. 3) umfasst Beispiele, speciell Thierfabeln.

IV zerlegt sich gleichfalls in drei Reihen. Die erste von fünf Strophen 28, 13—29, 12 (IV. 1) enthält geistliche Gedichte; die dritte von drei Strophen 30, 13—30, 33 (IV. 3) desgleichen. Die fünf Strophen der zweiten Reihe 29, 13—30, 12 (IV. 2) fallen grösstentheils unter die Kategorie des Beispiels (worunter jedoch keine Thierfabel), nur 29, 34 ist eine Gnome ohne alle parabolische Färbung. Wir würden indess berechtigt sein, diese zweite Reihe aufzustellen, auch wenn die Strophen die sie bilden in nichts gemeinschaftlichen Charakter trügen: denn die umgebenden Reihen zeigen diesen um so bestimmter.

Die Gruppe I lässt dem Inhalte nach in sich keine weitere Scheidung zu. Aber sie besteht aus 10 Strophen, wovon wir Str. 3 AC (20, 17—24) 21) nach dem oben (Seite 11) Bemerkten abziehen. Lösen wir die Strophenzahl 10 in 5 + 5 (I. 1 + I. 2) auf, so erhalten wir sieben Reihen zu fünf-Strophen, denen noch drei geistliche Strophen angehängt sind.

Jede Strophe, sowohl des ersten wie des zweiten Tones, besteht aus sechs Reimzeilen. Das ergibt für die Reihe dreissig Reimzeilen. Damit gelangen wir aber auf sehr bekannten Boden, vergl. Lachmann zu Nib. 1235—1239.

Wolfram von Eschenbach liess seinen Parzival und Wilhelm in Abschnitten von 30 Zeilen - schreiben und dichtete selbst darnach vom 224. des Parzival an. Die Verszahl im Parzival ist durch 30 theilbar. Im Wilhelm ist die Theilung zu 30 Versen vollständig überliefert. Hartmans Iwein zählt 272 × 30 (Lachmann zu 3474). Heinrichs vom Türlein Krone besteht gerade aus 30000 Zeilen. Ulrich von Türlein hat seinen heiligen Wilhelm in Absätzen von 31 Zeilen gedichtet. Die Klage zählt 144 × 30 Kurzzeilen, der Biterolf und Dietleib 450 × 30.

Wie soll man sich diesen sonderbaren Umstand erklären?

Es ist wohl selbstverständlich, dass die Erklärung, die man für Wolframs Dreissige gutheisst, auch auf die anderen angeführten Fälle ausgedehnt werden darf.

---

[1]) Durch Str. 25, 13—19 empfiehlt der Dichter seine Söhne dem Wohlwollen hoher Gönner, denen für ihre Freigebigkeit der Ruhm des milten Fruote (oder Fruot, wie er hier heisst) in Aussicht gestellt wird.

2*

Nun schreibt Lachmann am 2. Juli 1823 ausführlich über die Abschnitte im Parzival an Jacob Grimm. Ich habe mir zwei Stellen daraus notirt, die ich hier einschalte. „Nun schien es mir, dass einem Dichter, der so auf alles passt, ja der sogar Worte spart, was bei den anderen unerhört ist, vielleicht auch die Länge seines Gedichtes nicht gleichgiltig gewesen sei. Dabei fiel mir ein, wie Ernst Schulze bei der Cäcilie jeden Gesang, ehe eine Zeile davon fertig war, in Gedanken auf die einzelnen Stanzen vertheilte: es that ihm weh, wenn er nachher in der Ausführung eine mehr oder weniger machen musste ... Ich stelle mir die Sache so vor: Wolfram, der ohne Zweifel immer einige Tausend Verse zugleich dictirte (Delille, wenn mir recht ist, 3000), wollte gerne wissen, wie viel er hätte. Er liess also den Schreiber in Spalten von 30 oder meinetwegen 60 Versen schreiben — vielleicht liess er den Anfang erst während er weiter dichtete so umschreiben. Dem Schreiber war's aber nicht recht, immer gerade den ersten Buchstaben der Spalte grösser zu machen, bis er zuletzt (oder bis der letzte Schreiber) sich auch dazu entschloss. Die Abschnitte des Sinnes treffen übrigens öfter mit den grossen Buchstaben zusammen, als mit dem Anfange der Spalten, ausser am Ende, wo Wolfram mitunter seitenweis mag gedichtet haben. So scheint mir der ganze 775. Abschnitt ein Einschiebsel, aber freilich ein echtes (23162—91)." Zur theilweisen Berichtigung vergl. Vorr. zu Wolfram S. IX.

Was uns hier allein angeht, ist die Beziehung der Abschnitte auf eine bestimmte Einrichtung der Urhandschrift. Diese war demnach in abgesetzten Verszeilen geschrieben und sorgfältig liniirt, mit 30 Zeilen auf jeder Spalte. Mancherlei Motive lassen sich dafür denken, entweder das von Lachmann angeführte, dass ein Dichter wissen wollte, wie viel er fertig hatte, oder irgend ein anderes uns unbekanntes: die 30000 Zeilen Heinrichs von Türlein müssen doch auch dem blossen Behagen an der runden Zahl ihr Dasein verdanken, wie die 1000 Zeilen der Todesmahnung Heinrichs von Melk und die 2000 der goldenen Schmiede. Die Seite für Seite regelmässige Vertheilung bot den Vortheil, bei Abschriften nach demselben oder anderem Formate das nöthige Pergament leicht berechnen zu können. Auch konnte man den Abschreiber, wenn das Format beibehalten oder die Reduction einfach war, leichter controliren: es musste sich bald zeigen, ob er Verse ausgelassen oder hinzugesetzt hatte.

Irre ich nicht, so lässt sich auch der Urcodex unserer Nibelungenhs. zur Bestätigung von Lachmanns Ansicht herbeiziehen. Es ist klar, dass die Hs, welche unserer Überlieferung zunächst zum Grunde liegt, das Nibelungenlied und die Klage enthalten haben muss wie alle unsere vollständigen Hss. ausser der späten Wiener Überarbeitung k.

In A, unserer Handschrift des ältesten Textes, schwankt die Zahl der Langzeilen in der Spalte zwischen 50 und 52. Dies brachte mich auf

den Einfall, die Theilbarkeit der in ihr enthaltenen Langverse durch 51 zu
versuchen. Es zählen aber die Nibelungen $2316 \times 4 = 9264$, die Klage 2160,
beide zusammen 11424 Langzeilen. Das ergibt, durch 51 dividirt, genau
224. Es standen also in jener Urhs. 51 Langzeilen auf der Seite oder in
der Spalte.

Ja vielleicht dürfen wir noch weiter gehen. *A* steht in diesem Punkte
der Urhandschrift so nahe, vielleicht bewahrt sie auch sonst die äussere
Einrichtung derselben. Vielleicht war auch die Urhs. zweispältig geschrieben
und zählte mithin 2×51 Zeilen auf der Seite, also 224 Spalten oder 23)
56 Blätter (*A* hat 58). Das ergibt gerade sieben Quaternionen.

Hiermit scheint eine Art äusserer Beglaubigung für den Strophen-
bestand von *A* gewonnen.

Wird man trotzdem fortfahren, von „graphisch zu erklärenden Auslassungen" der Hs. *A* zu sprechen? Wird man auch fernerhin übersehen,
dass solche Beobachtungen (Bartsch Untersuchungen über das Nibelungenlied S. 304 f.) ihren Werth haben, um eine anderweitig bewiesene Auslassung zu erklären, dass sie aber nimmermehr eine sonst unbeweisbare
Auslassung um ein Haar wahrscheinlicher machen können? Oder wird man
die Beobachtung abzuschwächen versuchen etwa durch die Muthmassung,
die Vorlage von *A* habe eben die nöthige Anzahl von Strophen weggelassen,
um gerade sieben Quatern'onen voll zu bekommen? Wie seltsam, dass der
Schreiber dieser Vorlage sich dann eben so scharfsinnig wie Herr Bartsch
der Thatsache erinnerte, dass Auslassungen oft durch ein Übergleiten des
Auges zu einem benachbarten gleichlautenden Worte verschuldet wurden,
und dass er darauf seinen Plan baute, unbemerkt einige Strophen, die er
eben so scharfsinnig wie Lachmann als überflüssig erkannte, zu unterschlagen.

Doch ich will mich hüten, zu früh zu triumphiren.

Als ich einem Fachgenossen, der auch mit Lachmann die Hs. *A* für
die Grundlage der Kritik hält, die Sache mittheilte, erhielt ich folgende
Antwort: Ihre Rechnung erscheint mir aus mehr als einem Grunde so bedenklich, dass ich keinen Schluss darauf bauen möchte. Erstlich gefallen
mir die 51 Zeilen nicht, weil dann die Spalte nicht einmal mit einem
Zeilenpaar, geschweige mit voller Strophe schliesst. 12 Strophen und 3 Zeilen
auf die Spalte wäre eine so unsymmetrische und unpraktische Theilung,
wie sie nur irgend sein könnte, Zweitens: in *A* sind die Verse und weiterhin
auch die Strophen abgesetzt; in *B* sind (Lachmann p. VI) die Strophen
abgesetzt; ob auch die Verse, weiss ich nicht, da ich kein Facsimile habe;
in *C* sind nach dem Lassbergischen Facsimile die Strophenanfänge zwar
durch grosse Buchstaben kenntlich gemacht, aber weder Strophen noch
Verse abgesetzt. Also nur die jüngste und nachlässigste dieser drei Hss.
hat sicher abgesetzte Strophen und Verse, die älteste und sorgsamste hat
sie entschieden nicht. Nun haben zwar schon die Hss. des Otfrid nach dem 24)

Facsimile bei Graff abgesetzte Strophen und Verse, denkbar und möglich
wären sie also auch in der Grundhs. der Nibelungen. Aber sicher sind
sie doch keineswegs; ja sie dünken mich nicht einmal wahrscheinlich, denn
auch unsere ältesten und besten Liederhandschriften, die Weingartner, die
Heidelb. 357 setzen Strophen und Verse nicht ab. Und es wäre doch
sonderbar, wenn die Grundhandschrift abgesetzte Verse gehabt hätte und
gerade die besten nachfolgenden Schreiber hätten dieses sehr zweckmässige
Verfahren wieder aufgegeben, erst ein verhältnismässig später und unsorg-
fältiger, der Schreiber (oder die Schreiber) von *A* hätte (oder hätten) es
wieder aufgenommen. Je zweifelhafter aber die abgesetzten Verse in der
Grundhs. erscheinen, desto zweifelhafter und unsicherer wird auch ein
darauf gebauter Schluss. Waren dagegen andererseits die Verse in der
Grundhr. nicht abgesetzt, dann fehlt das feste Mass der Zeilenlänge und
dann ist wieder kein rechnender Schluss zulässig.

Vor allem muss ich mich dagegen verwahren, als ob ich meine Vermuthung für 'sicher' ausgegeben hätte. Von Sicherheit ist, glaube ich, in
historischen Dingen überhaupt selten die Rede, und die 'Vorsichtigen',
welche nur das 'Sichere' anerkennen wollen, wiegen sich oft in den ärgsten
Täuschungen über die Tragweite ihrer Schlüsse.

Was scheint sicherer als die Textesüberlieferung moderner Autoren,
wie viel Garantien hat ein Schriftsteller von heute, dass seine Worte un-
verfälscht auf die Nachwelt kommen, Garantien, welche der mittelalterliche
Dichter durchaus entbehrte. Und doch hat sich gefunden, dass wir z. B.
den Text des Werther in einer ziemlich verderbten Gestalt zu lesen pflegten.
Wie weit mögen die reinlichsten sorgfältigsten Ausgaben altdeutscher
Poeten, die Lachmannschen z. B. noch von dem Echten entfernt sein, und
ohne dass wir die geringste Aussicht haben, diesem Echten jemals wesentlich
näher zu kommen.

Wie genau sind wir über die Elemente unterrichtet, aus denen einige
Goethesche Werke in seiner Phantasie entstanden. Aber der innerste eigentliche
Bildungsprocess in der Seele des Autors, wer dringt in diese Tiefe, und
wenn er einzudringen wagt, was kann er im besten Falle herauf holen?
Einige mehr oder weniger wahrscheinliche Ahnungen.

25)   Oder nehmen wir an, dass Jemand neuere und neueste politische
Geschichte mit Benutzung aller Archive, ja mit Benutzung intimster per-
sönlicher Aufzeichnungen zu schreiben in der Lage wäre; blieben nicht
immer Reste, bei denen ihn seine Quellen in Stich liessen, bei denen
Combination eintreten müsste, bei denen er sich zu Hypothesen genöthigt
sähe und zwar zu Hypothesen, die niemals höher als bis zu einer gewissen
Wahrscheinlichkeit erhoben werden könnten? Ja wie weit sind directe
Angaben der Quellen selbst von Sicherheit entfernt. Was für eine trügliche
Quelle sind Briefe. Wer denn, auch wenn er den Willen der grössten

Aufrichtigkeit hat, ist im Stande über die Bewegungen seiner Seele authentische Auskunft zu geben [1]).

Nein, nur Feststellungen einzelner Thatsachen in geschichtlich hellen Zeiten, und Beobachtungen und Schlüsse, die ganz ins Grosse gehen (wie die Gesetze der politischen Ökonomie) und bei denen sich vervollkommnete Beobachtungsmethoden der Gegenwart für die Auffassung der Vergangenheit verwerthen lassen : nur dabei können wir vergleichsweise auf Sicherheit rechnen.

In den meisten anderen Dingen hängt der Grad der Wahrscheinlichkeit von dem Masse ab, in welchem Zufälle ausgeschlossen sind. Je wunderbarer die Zufälle wären, die wir statuiren müssten, um der Annahme eines bestimmten nothwendigen Zusammenhanges zu entgehen, desto wahrscheinlicher oder desto 'sicherer' — wenn man will — wird dieser Zusammenhang.

Ist es nun nicht ein höchst wunderbarer Zufall, dass die an sich gar nicht runde Zahl von Langversen des Nibelungenliedes und der Klage eine runde glatte Vertheilung auf 7 Quaternionen zulässt — und dass diese Vertheilung in der ursprünglichsten Hs. nahezu erhalten ist?

Aber nehmen wir die mitgetheilten Einwendungen durch, ich glaube, dass sie sich Punkt für Punkt widerlegen lassen.

Zunächst von dem ersten Bedenken. Auf welche Art kommt eine Vertheilung, wie die von mir angenommene, überhaupt zu Stande? Irgend jemand tritt an eine gegebene Menge von Versen heran, hat eine Art Vertheilungsschema im Kopfe, dem er aber von vornherein eine gewisse Dehnbarkeit zu gewähren entschlossen ist, und macht den Versuch es [26]) anzuwenden. Gelingt das nicht, so wird er es modificiren, und wenn zuletzt doch auf alle Weise ein Rest bleibt, so entschliesst er sich vielleicht wegzulassen oder hinzuzudichten, um die Zahl voll zu machen. Vor allem aber muss er die ihm vorliegende Zahl genau kennen. Wie fing er das an? Im Mittelalter führte man keine Strophen- oder Zeilenzählung durch, wie wir in unseren Ausgaben.

Wir kennen die Dreissige. Auf vierzeilige Strophen angewendet werden 28 oder 32 dafür eintreten. Lachmann hat zu den Nib. S. 163 nachgewiesen, dass das Nibelungenlied, wenn wir die 52 Zeilen oder 13 Strophen abrechnen, in denen Piligrim erscheint, gerade 485 Abschnitte zu 28 Zeilen oder 7 Strophen zählt. Also, falls wir die obige Deutung wieder anwenden dürfen, 485 Spalten oder Seiten. Nehmen wir letzteres an, so ergäbe das 30 Quaternionen und einen halben, auf welchem jedoch nur 5 Seiten beschrieben waren, oder 39 Quaternionen und ein Quinternio mit angeklebtem Blatte, dessen Vorderseite nur beschrieben — das kann niemand genau wissen, genug dass die Berechnung nach Spalten sehr leicht war.

---

[1]) Vortrefflich spricht hierüber Herman Grimm Essays S. 52 ff.

Auch die Klage bot keine Schwierigkeit mit ihren 144 Abschnitten zu 30 Zeilen (Lachmanns Ausgabe S. XII), die als Spalten einer zweispaltigen Hdschr. genommen, gerade 4½ Quat. (als Seiten genommen 9 Quat.) ausmachten.

  Wenn nun derjenige, der zuerst Nib. und Klage in ein Buch schreiben liess oder schrieb (denn an diese Persönlichkeit haben wir hier zunächst zu denken), den angegebenen ursprünglichen Bestand auf Langzeilen reducirte, so erhielt er 11372. Aber diese auf Seiten zu 28, 30 oder selbst (zweispaltig) zu 60 Zeilen vertheilt, ergab einen unförmlich dicken und schwerfälligen Band.

  Der Wunsch lag nahe, ein schlankeres Format zu gewinnen. Dann musste aber der Schreiber die Theilungszahl 28 oder 30 mit einer grösseren vertauschen. Er versuchte es etwa mit einem naheliegenden Mass wie 50 Zeilen auf der Spalte, 100 auf der Seite (also 25 Strophen): das gab 113 Seiten und einen Überschuss von 172 Zeilen.

  Schade, dass es nicht 112 Seiten waren. Das hätte gerade 28 Doppelblätter, 7 Quaternionen ausgemacht. Aber kann man dem nicht abhelfen? Fragt sich nur: wie? Die 172 überzähligen Langzeilen wegzulassen, geht 27) nicht an. Dagegen, wenn jeder Spalte eine Zeile zugelegt wird, mithin 51 Strophen auf das Blatt kommen, so bleiben wir unter dem Masse, es fehlen uns 52 Langzeilen, um es voll zu machen.

  Unter solchen oder ähnlichen Erwägungen mochte sich die oben vorausgesetzte Persönlichkeit entschliessen, die 13 Pilgrimstrophen hinzu zu dichten. Damit war zugleich einer sachlichen Rücksicht gedient, ich meine der Ausgleichung zwischen Nib. und Klage. Es ist bekannt, dass dieses Motiv späterhin zu weiteren Umgestaltungen geführt hat.

  So angesehen, wird die 'unsymmetrische und unpraktische Theilung' wohl nicht länger auffallen.

  Was das zweite Bedenken anlangt, so wäre es allerdings wünschenswerth zu wissen, welche der uns erhaltenen Hss. mhd. Gedichte in abgesetzten Verszeilen geschrieben sind, und welche nicht. Die Beschreibungen drücken sich darüber selten deutlich aus. Aber gefolgert kann unter allen Umständen nicht viel daraus werden. Es käme darauf an zu wissen, ob man zu Ende des 12. und Anfang des 13. Jahrhunderts in der eigentlichen Blüteepoche der staufischen Litteratur die Verszeilen meist absetzte. Nur können Hss. darüber wenig lehren, da wir gleichzeitige nicht besitzen und feinere Altersunterschiede durch die Paläographie nicht festzustellen sind. Eine allgemeine Regel gab es vielleicht gar nicht. In der Berliner Hs. der Eneit hat, wenn ich Ettmüller S. XI recht verstehe, die zweite Hand abgesetzt, die erste nicht. Von Jugend oder Alter kann die Sache ganz unabhängig sein: wer fortlaufend schrieb, wollte Pergament sparen, und sparsame Leute gab es zu allen Zeiten. Der sicherste Anhaltspunkt sind also

die Dreissige, sie lehren uns mehr als Beobachtungen an Hss erbringen
können. Dass die 'verhältnismässig späte und unsorgfältige' Hs. A das
Verfahren 'wieder aufgenommen' habe, ist eine unrichtige Vorstellung.
Oder würde man auch sagen, sie habe den ältesten und ursprünglichsten
Text wieder aufgenommen gegenüber B und C? Sie bewahrt den echten
Text und so bewahrt sie die Einrichtung der Urhandschrift.

Blicken wir auf die vorstehenden Erörterungen zurück, so lässt sich
eine letzte Vermuthung kaum abweisen. Sollte die Bedeutung der 28 Zeilen,
im Ganzen des Nibelungenliedes eine andere gewesen sein, als in jedem
einzelnen von Lachmanns echten zwanzig Liedern und (nach Müllenhoffs
Nachweis) in manchen Interpolationen? Ist es nicht, wenn wir Müllenhoffs [26]
Hypothese der Liederbücher annehmen, das einfachste, auch diesen Lieder-
büchern eine Einrichtung zuzutrauen, bei welcher 28 Zeilen oder 7 Strophen
auf die Seite kamen?

Machen wir endlich die Anwendung auf das Spervogel-Liederbuch.

Wir haben Reihen von 5 Strophen oder 30 Reimzeilen gefunden. Mit
dem Schluss der Gruppe II endigt eine solche Reihe (II. 3) und mit dem
Anfang der Gruppe IV beginnt eine andere (IV. 1). Also schliesst mit II. 3
ein Blatt und mit IV. 1 beginnt ein neues, an den Schluss einer Reihe von
30 Zeilen fällt der Schluss eines Blattes, mit einer neuen Reihe von 30
Zeilen beginnt ein neues Blatt.

Was liegt näher als die Annahme, dass in dem alten Ljederbuche,
wie in so vielen Handschriften mhd. Gedichte, die Reihe von 30 Zeilen je
einer Seite entsprach?

Nun ist es nicht schwer dieses Liederbuch auf das genaueste zu
reconstruiren.

Nehmen wir an, wie das in alten Hss. häufig, dass die Vorderseite
des ersten Blattes leer blieb der Abreibung wegen, und vertheilen darnach
die Dreissige. So erhalten wir:

Bl. 1ᵃ leer.
„ 1ᵇ Reihe L 1.
„ 2ᵃ „ L 2.
„ 2ᵇ „ II. 1.
„ 3ᵃ „ II. 2.
„ 3ᵇ „ II. 3.
„ 4ᵃ „ IV. 1.
„ 4ᵇ „ IV. 2.
„ 5ᵃ „ IV. 3.

Man sieht, dass wirklich mit IV. 1 ein neues Blatt beginnt, wie es
verlangt wurde. Und das ganze Liederbuch bestand aus 4 Blättern (ohne
Zweifel 2 in einander gelegten Doppelblättern) und einem angeklebten
fünften, worauf nur 3 Strophen standen.

Es ist wohl klar, dass wir eine nach bestimmten Gesichtspunkten veranstaltete Auswahl vor uns haben. Denn der alte Anonymus wird nicht gerade nur 5 Thierfabeln, 5 Gönnerstrophen, 5 Gedichte aus dem Leben der Fahrenden gemacht haben. Und vom Spervogel besitzen wir thatsächlich noch ziemlich viele andere Strophen. Der Sammler begann also mit 29) 10 Gedichten Spervogels und sonderte dann, was er von den mannigfaltigen Poesien des Anonymus aufnahm, in Gruppen von verwandtem Charakter. Im allgemeinen setzte er sich dabei vor, fünf Gedichte von jeder Art zu liefern: 5 Gönnerstrophen, 5 aus dem Leben der Fahrenden, 5 Thierfabeln, 5 geistliche Strophen, hierauf eine gemischte Gruppe, in welcher besonders die Gnome absticht: wahrscheinlich waren ihm nicht genug solche reine Sittensprüche des Dichters bekannt, um daraus eine eigene Gruppe zu bilden, oder es schien ihm nur dieser der Erhaltung besonders werth und er ordnete ihn hier ein, weil es ihm vielleicht Mühe machte, diese Gruppe zu vervollständigen: sie besteht sonst aus Gleichnissen, wovon das erste die Klage über eine traurige Erfahrung des abgewiesenen Spielmanns, das zweite, dritte und vierte allgemeine Lehren enthalten, so dass die Deutung entweder beigefügt oder dem Hörer zu errathen überlassen wird. Wenn dann noch 3 geistliche Strophen folgen, so sind dem Sammler vermuthlich nur 8 im ganzen bekannt gewesen, die er so hoch hielt, dass er keine derselben verloren gehen lassen wollte.

Das ursprüngliche Liederbuch von fünf Blättern hat nun, ehe es in A oder C abgeschrieben wurde, zwei Vermehrungen erhalten: erstens die bekannte Strophe 20, 17 am Rande von Bl. 1ᵇ, zweitens III mit der junge Spervogel- bezeichnet, zuerst vielleicht am Schlusse beigelegt, aber dann zwischen Bl. 3 und 4 gerathen, wo jüngere Schreiber sie ohne weiters mit abschrieben, unbekümmert ob dies die richtige Folge.

Ein Liederbuch dieser Gestalt nun liegt A zu Grunde. Aber es hatte eine weitere Vermehrung erhalten. Die Strophen von III hatten vermuthlich die ihnen bestimmten Blätter nicht ganz gefüllt und der leere Raum wurde benutzt, um 5 Neidhartische Strophen und 2 sonst dem Leutolt von Seven zugeschriebene darauf einzutragen.

Möglich, dass diese falsche Vermehrung auch C vorlag, dass der Schreiber sich aber erinnerte, die Strophen bereits früher unter anderen Namen (Waltram von Gresten und Leutolt von Seven) abgeschrieben zu haben.

Gewiss aber ist, dass das ursprüngliche Liederbuch in der Gestalt, in welcher es auf C kam, eine andere Vermehrung erhalten hatte, die A unbekannt war.

Auf dem fünften Blatte des Liederbuches standen nur drei Strophen. 30) Es war also, wenn dieselbe Zeilenzahl auf der Seite beibehalten wurde, noch für 7 Strophen Raum. Und um gerade so viel Strophen finden wir das Liederbuch in C vermehrt an seinem Schlusse, 47—53 C

(22, 25—24, 8). Die Strophen gehören nicht dem Anonymus, sondern Spervogel selbst und werden grossentheils durch *J* als sein Eigenthum bestätigt.

Dass unsere Reconstruction des Liederbuches hierdurch auf das allervollkommenste bestätigt wird, brauche ich nicht erst hervorzuheben. Wenn aber in *C* noch Str. 54 (MF. 244, 49—60) im ersten Tone des sogenannten jungen Spervogel folgt, so wird diese wohl erst der Schreiber.von *C* aus einer anderen Quelle nachgetragen haben.

Der junge Spervogel.

Die speciellere Erörterung über den jungen Spervogel können wir nun nicht länger mehr verschieben.

Sollte der Name bloss gefolgert sein? Man besass etwa eine Anzahl Strophen, wovon ein Theil entschieden in Spervogels Art, man wusste aber, dass sie nicht von Spervogel selbst herrührten, erkannte ihren jüngeren Charakter und erfand ihnen zu lieb einen jungen Spervogel. Ich meine, diese Annahme wäre so unwahrscheinlich als möglich: kein zweites Beispiel könnten wir anführen, wo ebenso verfahren worden wäre.

Die Existenz eines jüngeren Fahrenden, der auch Spervogel hiess und zum Unterschied von dem älteren den Beinamen der junge führte, wie Reinmar in *C* der alte heisst zum Unterschied von Reinmar dem Fiedler und Reinmar von Zweter, — die Existenz, sage ich, eines solchen Fahrenden können wir kaum in Zweifel ziehen. Aber was wissen wir von seiner Thätigkeit?

Was *A* (oder nach unserer obigen Vermuthung die Quelle von *A* und *C*) ihm zuschrieb, kann unmöglich von einem Dichter herrühren. An vier Strophen von einheitlichem Kunstcharakter (S. 242 ff. [224² ff.] Z. 1—48) schliesst sich Z. 61—76 (vergl. Bartsch Germ. 12, 131) die folgende:

Der alten rât
versmâhet nu den kinden.
unbetwungen   sint die jungen,   âne reht wir leben.
Untriuwe hât
gemachet daz wir vinden
in dem lande   menege schande,   uns ist vür fröide gegeben
Ungenâde, blôze huobe, wüeste lant.
dâ man ê wirte in vollen stæten vröiden vant,
dan kret diu henne noch der han, ein phâwe ist niender dâ,
die weide enezzent geize, rinder, ros noch schâf,
dan brechent ouch die glocken nieman einen slâf,
diu kirche ist œde, ir sult den pfaffen suochen anderswâ.   31)

Das Gedicht fällt aus der Art jener vier ersten Strophen ebenso heraus, wie aus der Kunstweise Spervogels und seines Vorgängers des Anonymus überhaupt. Nicht nur ist das Metrum weit künstlicher, die Gesammthaltung

vornehmer: die Gattung der Satire auf allgemeine Zustände der Zeit wurde
von jenen nicht angebaut, Walther von der Vogelweide übernahm sie
gleichsam von den lateinisch dichtenden Vaganten des zwölften Jahrhunderts
und ihm seinerseits fehlte es .dann nicht an Nachfolgern. Ein solcher ist.
auch wohl der Dichter des vorliegenden Stückes. Dasselbe erinnert am
meisten an Strickers Klagen (bei Hahn XII): ältere Leute, die mit Ehren
grau geworden, waren ehemals *ze hove* angesehen, jetzt verlangt man nicht
mehr nach ihnen (129 ff.); die *herren* schmähen den Kaiser auf alle Weise,
damit er das niedere Volk gegen ihre Übergriffe nicht schützen könne,
reht gerihte ist vil nâch tôt (108, vergl. 201 ff.), *triuwe und wôrheit ist ver-
pflegen* (110); *ich.kan uf tiutscher erde ninder. zuo der fröude komen* (12 f.).
*unfröude ist nu gekrœnet: der habent die rîchen gesworn und habent für
die fröude erkorn trayen die wâfen alle* (18—21). Auch Ulrich von Lichtenstein geht im Frauenbuch von dem Begriff der Tranrigkeit und Unfreude
aus, die jetzt eingerissen sei und die alte zierliche Gesellsigkeit nicht mehr
aufkommen lasse. Dem letzten Theil unseres Gedichtes am nächsten kommt
endlich die Warnung, wo sie Z. 1755 ff. (Haupt Zs. 1, 486 f.) schildert, wie
einst da Festlichkeiten waren, wo *der hof nu jæmerlîchen lît âne ingesinde . . .
die heileyen habent sich ûf gezogen, von der kuppel sint si geflogen ûf zuo ir .
. schephære . . . wâ ir nu kieset daz diu mûre mieset unt die steine sint
geriren, dâ wirt selten geschriren' wâ nu, truhsæzen? die herren yerne æzen* . .
êre fröude begraben lît unt elliu werltlich wünne. Die Strophe wird ganz in
den Kreis dieser österreichischen Zeitsatiren hinein gehören.

Der Schluss könnte den Gedanken nahelegen, dass Interdict über dem
Lande laste, das der Verfasser im Auge habe. Aber *ir sult den pfaffen
suochen anderswâ* deutet doch wohl auf willkürliche Vernachlässigung des
32) Kirchendienstes durch den Geistlichen. Und *blôze huobe, wüeste lant* lässt
vielmehr auf Kriegsnöthe rathen. Da Untreue als Ursache angegeben wird,
so dürfte man etwa die Empörung Friedrichs des Streitbaren gegen
Friedrich II. und die Ereignisse der Jahre 1236—1240 in Anschlag bringen.

Die folgende, dem jungen Spervogel zugeschriebene Strophe 30, 34
ist mit ihrem ungenauen Reim (*brunnen: sunne*) und sonst viel zu alterthümlich, sowohl für den Dichter der ersten vier Strophen, als auch und
noch mehr für den Dichter der unmittelbar vorangehenden.

Dadurch verliert auch die letzte, auf welche dann in *A* jene Neid-
hartischen und anderen Strophen folgen, jede Gewähr der Echtheit. Sie
findet sich überdies in *C* auch unter Dietmar von Aist in einem unechten
Anhang. .

Also vier Strophen, als deren Verfasser wir uns nicht bedenken
würden den jungen Spervogel anzuerkennen, und darauf zehn (31 bis 40 *A*),
die sich nothwendig auf mehrere Dichter sehr verschiedenen Alters vertheilen:
woraus wollen wir die Berechtigung ableiten, den Namen der ihnen vor-
gesetzt ist, bloss auf die ersten vier zu beziehen?

Wir haben ohne Zweifel eine Sammlung von Gedichten vor uns, wie sie Spielleute, die aus dem Vortrag von Liedern ein Gewerbe machten, anzulegen pflegten: vergl. Müllenhoff zur Geschichte der Nibelunge Not S. 19. Es wird kein Zufall sein, dass die letzten 7 Strophen (34—40 *A*) sich sonst gerade auch in Sammlungen ähnlichen Ursprungs und ähnlicher Heimat vorfinden, wenn wir der versuchten Datirung von Strophe 31 *AC* trauen dürfen.

34—38 *A* gehören einem Liede Neidharts an (Haupt 29, 27 ff.), stehen aber in *C* unter Waltram von Gresten aus Niederösterreich, der nur ein solcher Sammelname ist (Haupt zu MF. 225 Anm.).

39. 40 *A* sind Strophen eines Liebesliedes, des ersten unter den Liedern Leutolts von Seven in *BC*. Mit Leutolt steht es aber nicht viel anders als mit Waltram, vergl. Wilmanns Walther S. 109 ff. In *A* ist das entschieden ein Sammelname. Die rei zufällig anderwärts nicht überlieferten Sprüche (Wackernagel-Riegers Walther S. 259 f. 1—3) mögen um die Mitte des 13. Jahrhunderts entstanden sein: der Anfang des ersten (*Sold ich den jungen rûten, die unbetwungen libes unde guotes sint*) erinnert an die obige Strophe *unbetwungen sint die jungen*. Im Ton der dritten bietet die Hs. *D*, eine Sammlung geistlicher und moralischer Lieder (Heidelberger Hs. 350 s. Hagens Minnes. 4,900[h]) noch ein Gedicht (Wackern. Rieger a. O. 4.). [53]) Das ebenfalls sonst nicht nachgewiesene Eröffnungsgedicht in *A* (Wack. R. 16) ist ein Tagelied von der grössten Einfachheit, wie man es dem Verfasser der in *BC* unter Leutolt überlieferten drei Lieder nimmermehr zutrauen würde. Diese selbst (Wack. R. 5—15) tragen allerdings einheitlichen Charakter: man vergl. nur z. B. die Asyndeta 262, 9. 16. 263, 1. 24 und die gehäuften Fragen der Strophe 13 mit denen der Strophe 9. Eine gewisse Geistesarmuth bei grosser Leichtigkeit der Form ist nicht zu verkennen. Man fühlt etwas von dem Charakter heraus, den ein eifersüchtiger Genosse ('Reinmar, der Fiedler' Wack. R. S. 258) so treffend schildert, den eines gewandten vielseitigen beliebten und wahrscheinlich eitlen Spielmanns. Wir dürfen wohl in dem was *A* unter seinem Namen gibt, eine von ihm angelegte Sammlung, in dem was *BC* gewähren drei eigene Gedichte erblicken, wenn auch Strophen des einen Gedichtes hier unter dem jungen Spervogel, Strophen des anderen in *A* unter Niune, wieder einem entschiedenen Spielmannsnamen, begegnen. Das Material zu Leutolts Sammlung ist grossentheils aus Österreich und Baiern geholt. Die benutzten Dichter gehören der ersten Hälfte des 13. Jahrhunderts oder dem 12. Jahrhunderte an.

Auf verwandten Boden führt also die Sammlung des jungen Spervogel. Er war ein Fahrender, kein Zweifel. Aber noch immer bleiben drei Möglichkeiten, zwischen denen sich schwer entscheiden lässt: erstens der junge Spervogel ist der Name des Besitzers resp. Sammlers, und kein

Gedicht rührt von ihm her; **zweitens** der junge Spervogel ist der Verfasser der vier ersten Strophen, der Sammler hat sie vorangestellt und den Namen des Verfassers beigeschrieben, der dann fälschlich sich auf alle zu beziehen schien; **drittens** der junge Spervogel selbst ist der Sammler und hat fremden Gedichten vier eigene vorausgehen lassen.

Der Hauptpunkt ist die Frage nach der Autorschaft der vier ersten Strophen. Zur Entscheidung darüber müssen wir eine wichtige Sammlung geistlicher und moralischer Sprüche des 13. Jahrhunderts, den aus Pfeiffers Untersuchungen zur deutschen Litteraturgeschichte (Stuttgart 1855) S. 47 ff. bekannten und ebendort S. 73—87 so wie in Hagens Minnes. 3, 468ᵇ ff. herausgegebenen Anhang zum Heidelberger Freidank (*h*) herbeiziehen.

34)   In der Auffassung dieses Anhanges muss man **zum Theil** Pfeiffer a. O. gegen Wilhelm Grimm (Freidank erste Ausg. S. IX. Zweiter Nachtr. S. 11—13. Haupts Zs. 12, 226) Recht geben. Strophe 32 ist gewiss Freidanks Quelle, nicht umgekehrt[1]). Und die Überlieferung der Strophe 17 (= Sperv. 29 *AC*) auch unter Reinmar und Dietmar von Aist darf wohl

---

[1]) Es sei mir erlaubt über Freidank, weil dessen Beurtheilung doch einmal hier in Frage kommt, einige briefliche Äusserungen Lachmanns anzuführen. Silvester 1827 schreibt er an Wilhelm Grimm: Freidank hat, denke ich, wenig Sprüche selbst gemacht, sondern er fand sie, theils prosaisch, theils schon versificirt, nur gewiss meistens nicht streng gereimt, — wie auch noch spätere Schreiber kürzere Reime hinein setzten, wie 1067 [56, 5 *Des mannes sin ist sin gewin*], so wie sie gangbar waren: Freidank hätte sie verändert. Das Sinnreiche bei ihm ist, dass er immer die scheinbar streitenden zusammenstellt und durch die Stellung die Gegensätze auflöst, am deutlichsten am Ende, wo er ohne eine bestimmte politische Meinung, aber gewiss der Ansicht der Meisten gemäss, immer Recht und Unrecht auf beiden Seiten, des Papstes und Friedrichs, sich gegenüber stellt.' [Vergl. H. A. L. Z. 1829, Nr. 238, S. 623.] 7. Juli 1828: 'Wenn Sie an den Freidank kommen, habe ich für Sie eine Sammlung von Sprüchen aus der Kaiserchronik, auch wenn Sie das andern brauchen können, ein förmliches *bispel*. Wir werden immer mehr finden, dass fast alle Gattungen des 13. Jahrh. in der Mitte des 12. schon völlig ausgebildet waren.' 19. November 1834 hebt er wieder hervor, Sentenzen in Versen seien eine alterthümliche Gattung, einzelne und ganze Reihen fänden sich im 12. Jahrh. Er weist ferner hin auf die Lehren der Meister oder Alten in erzählenden Gedichten, wie Eneide 9711, im Parz. die Mutter und Gurnemanz, Tristan Groote S. XLV. 2590, Meier Helmbrecht. [Vergl. Über den Eingang des Parzivals S. 229 f.] Über W. Grimms bekannte Hypothese habe ich nur die Bemerkung ausgezogen: 'Und ist man denn gezwungen, aus der freilich auffallenden Übereinstimmung in Ansichten und Wendungen auf Einen Dichter zu schliessen? Vieles ist doch wohl gewiss beiden schon im Volkssprichwort gleichmässig überliefert: hat doch Ulrich von Türheim einige von Wolframs kühnsten Bildern, die er gewiss nicht aus ihm entlehnt hat. Vieles ist aber gewiss auch von Walther erfunden und von Freidank nachgesprochen: aber Walthers Lieder waren auch am reichsten an Sprüchen und waren bekannt wie keines anderen Lieder: eine besondere Vorliebe Freidanks für Walthern kann man auch gern zugeben, und damit beruhige ich mich für jetzt.'

zu Gunsten ihres höheren Alters geltend gemacht werden. Viel zu weit
aber geht Pfeiffer, wenn er S. 50 den grössten Theil jener Heidelberger
Gedichte dem Spervogel zuschreiben will. Doch mögen allerdings manche .
aus einer Fortbildung der von Spervogel eingehaltenen Richtung hervorgegangen sein. ·

Halten wir uns zunächst an die sieben Strophen in *h* (16—22), deren
Ton mit dem ersten des jungen Spervogel (wir können ihn den dritten Ton [36]
Spervogels nennen, nach Massgabe der Überlieferung in *C*) identisch ist.
Eine dieser Strophe 17 *h* findet sich als 29 *AC* wieder (MF. 243 [245²], 25—36)
und zwar im wesentlichen unverändert; eine andere trifft mit 'der in *C*
nachgetragenen (54 *C*) zusammen (MF. 244 [245¹ f.], 49—60).

Zwischen diesen letztgenannten aber zeigt sich ein beachtenswerther
Unterschied. Nur der Abgesang ist identisch. Die beiden Stollen lauten
ganz anders: aber ohne dass man sagen könnte, *C* bewahre das echte und
in *h* sei geändert, oder umgekehrt. In beiden Fassungen ist individueller
Bezug deutlich, der Dichter fühlt sich zurückgesetzt und klagt, dass man
ihn nicht höher schätze. 'Die Sonne ist nur um ihres hellen Glanzes
willen so beliebt: wenn ich mich doch auch äusserlich geltend zu machen
verstünde!' *h*. 'Ein kluger Mann ist ein unentwendbarer Schatz (ich will
mich nicht für einen solchen ausgeben), meine *kunst* ist nur gering, aber
der Inhalt meiner Worte verdient Beachtung' *C*. Dazu der gemeinschaftliche Abgesang: 'Man soll die Menschen nicht nach dem äusseren Anschein
beurtheilen, unter dem glänzendsten Kleid kann ein unwürdiger stecken:'

> *und trüege ein wolf von sobel ein hūt,*
> *nāch künne er lūhte tæte.* ·

Man erinnert sich dabei an den gleichen Ausdruck beim Meissner
(*J* 5, Hagens Minnes. 3, 86ᵇ) *ouch tuot nāch sīme künne der wolf* und an
die Fabel des Anonymus (27, 23), die vielleicht dem Verfasser der Strophe
vorschwebte:

> *der wolf begonde sinen muot*
> *nāch sinem vater wenden,* ·

was die jüngere Bearbeitung (S. 239 [241²]) durch *nāch siner art er tet* wiedergibt. Vergl. Hoffmanns Niederd. Aesopus S. 48 *de sulve klank was ōk dînes
vader sank*; Alexander und Anteloie 219 *dicke wolfes kint tūt nāch deme
vater*. Weiters bei Wilh. Grimm Zs. 12, 217.

Jedenfalls würde man keinen Anstand nehmen, die Strophe dem Verfasser von 27—30 *AC* zuzuschreiben, wenn dies nicht der Reim *niht* : *siht*
Z. 56 gegenüber *nicht* : *licht* Z. 42 bedenklich machte.

Dadurch büssen auch die anderen fünf Strophen dieses Tones, welche
h allein überliefert (16. 18—20. 22), an äusserer Gewähr ein.

In der That muss noch eine dieser Strophen (19) dem Dichter bestimmt abgesprochen werden: der Reim *eriunt* : *verziunt* (statt *verziunet*)

ist ihm nicht zuzutrauen. Und selbst was den Rest betrifft, so verdient es
36) Beachtung, dass von den vier *AC* gemeinschaftlichen Strophen in dreien
(242 [244²], 7. 19. 243 [245²], 40) Übergang der Construction aus dem Aufgesang
in den Abgesang oder aus dem ersten Stollen in den zweiten stattfindet,
während in *h* dies durchgehend streng vermieden wird. Auch sucht man
in *h* vergeblich eine Parabel wie 242 [244²], 1 ist, oder auch nur so
durchgeführten bildlichen Ausdruck wie in 242 [244²], 13.

Andererseits muss man doch zugeben, dass (von Str. 17 und 19) abgesehen) keines der in *h* erhaltenen Gedichte dieses Tones des Dichters
von 27—30 *AC* unwürdig ist und dass keines aus seiner Manier, wie sie
namentlich in 243 [245²], 25 vorliegt, heraustritt. Die auffällige schwebende
Betonung *ahten* im Anfang der letzten Reimzeile von 20 *h* wird durch *gnoter*
243 [245²], 35 gerechtfertigt. Zwischen 16 *h* und 30 *AC* (243 [245²], 37) waltet
eine gewisse innere Verwandtschaft ob durch die Art, wie in beiden der
Schluss etwas unerwartet den *rinnt* hereinzieht. Am meisten verdient
Beachtung, dass fast alle Töne in *h*, von denen mehrere Strophen erhalten
sind, darunter auch geistliche darbieten: unter diesem Tone findet sich
keine einzige. Das wäre der Individualität des Verfassers von 27—30 *AC*
ganz gemäss, welcher insofern dem Spervogel nahe und dem alten Anonymus entgegensteht.

Es ist dies nicht die einzige Ähnlichkeit: der Abgesang des dritten
Tones ist vollkommen gleich Z. 3—8 des ersten. Ja die sechs Hebungen
mit stumpfem Ausgang von Z. 1. 2 finden sich in den Stollen des dritten
Tones als je zwei Verse von drei Hebungen mit stumpfem Ausgang wieder.
Ihnen ist je eine stumpfe Zeile von vier Hebungen vorgeschoben. Also eine
Umbildung der Strophe Spervogels zu einer Zeit, wo die Dreitheiligkeit in
der Lyrik allgemeines Gesetz geworden war.

Sollen wir uns noch unter den Strophen anderen Tones in *h* um-
sehen, ob vielleicht einige demselben Verfasser zuzutheilen wären? Erinnern wir uns, dass der alte Anonymus nur einen Ton verwendete, Spervogel desgleichen. Wir wissen nicht, wann in den Kreisen der Fahrenden
diese Sitte verlassen wurde, auch Reinmar von Zweter hat fast alle seine
Gedichte im Frau Ehrenton abgefasst und Stolle nur die Ahnentweise
gebraucht. Also gehen wir nicht weiter.

Die Untersuchung war nicht sehr ergiebig, das Resultat bleibt unsicher. Ich nehme an, dass der junge Spervogel Verfasser der vier ersten
ihm zugeschriebenen Strophen und wahrscheinlich auch einiger desselben
37) Tones in *h* ist. Aber ich bin mir wohlbewusst, dass entscheidende Gründe
für diese Ansicht nicht vorliegen. Das stärkste Argument ist noch die
Übereinstimmung zwischen dem Autornamen und den sich unmittelbar
daran schliessenden Gedichten: beide erinnern an Spervogel. Die Annahme,
dass der junge Spervogel nur Besitzer oder Sammler des Liederbuches

war, das seinen Namen trägt, dürfen wir also verwerfen. Gegen die oben aufgestellte dritte Möglichkeit spricht die Zeit der Str. 31 *AC*, falls sie richtig ermittelt worden. Bleibt mithin nur die zweite Vermuthung.

Der junge Spervogel wäre demnach ein jüngerer Zeitgenosse Spervogels, der die Genauigkeit der Reime durchführte, seine Strophe dreitheilig baute und keine Senkungen mehr fehlen liess. Seine Producte haben den Charakter des Gelegenheitsgedichtes wohl ganz abgestreift.

Wie kam nun der Mann zu seinem Namen? Ehe wir eine Antwort versuchen, werfen wir noch eine andere Frage auf: wie kamen die Sprüche des Anonymus dazu, unter dem Namen Spervogels eingetragen zu werden?

Wer das alte Liederbuch anlegte, dessen Umfang und Plan oben sich ergab, wer da genau zehn Gedichte Spervogels eintrug und aus den Strophen des Anonymus Gruppen zu je fünfen auswählte, dem müssen umfassendere Sammlungen vorgelegen haben, eine Sammlung von Sprüchen des Spervogel, eine Sammlung von Sprüchen des Anonymus. Wie fand er die letztere: namenlos oder mit einem Namen versehen? Eine ursprünglich namenlose Sammlung glaube ich für Kürnbergs Lieder aufstellen zu müssen, wovon ein andermal. Namenlosigkeit begegnet uns bei mittelhochdeutschen Gedichten sonst, wo die Arbeit Verschiedener das Werk zu Stande brachte und sich nicht ein Einzelner daran als Autor fühlen lernte. Aber davon kann hier nicht die Rede sein, eine bestimmte Individualität ist erkennbar, und die Quelle kann von der Person des Verfassers zeitlich nicht weit abgerückt werden: nichts erweislich Unechtes hat sich eingeschlichen. Darf man vermuthen, dass auch jene Sammlung, die dem Veranstalter des alten Liederbuches vorlag, einen Namen an der Stirne trug? Welchen aber?

Wenn wir sonst finden, dass unsere Minnesingerhandschriften unter einem Namen mehrere Quellen benutzt haben, so nehmen wir an, dass ihnen verschiedene Liederbücher mit demselben Verfassernamen zu Gebote standen. Ist es ein Wagnis, in dem vorliegenden Falle die gleiche An- [36) nahme geltend zu machen? Wie also, wenn unser 'Anonymus' ebenfalls Spervogel hiess?

Der 'Anonymus' hatte Söhne und er empfiehlt sie der Gnade vornehmer Gönner, denen er den Ruhm des Königs Frut in Aussicht stellt (25, 19). Diese Söhne waren mithin auch wohl Fahrende? Ging auf den älteren der Name des Vaters über[1]) und wurde der jüngere zum Unterschiede der junge Spervogel genannt?

---

[1]) Vergl. die von O. Richter Die ältesten deutschen Liebeslieder des 12. Jahrhunderts (Görlitz 1868) S. 32 ausgesprochene Vermuthung, wornach der „junge Spervogel" ein Sohn des „älteren" gewesen sein könnte. Larsbergs Liedern. 2, 814 *Irregane heis ich, manec lant weis ich, min vater Irgane was genant.* Wie Marners Kinder (HMS. 2, 241ᵇ) hiessen, wissen wir nicht. Ebensowenig ob der unglücklich verheirathete (103, 104) Reinmar von Zweter Kinder hatte. Dies ist aber alles, was ich von Spielmannsfamilien kenne.

Aber noch mehr: Spervogel (d. i. Sperling, Uhland an Lassberg, S. 82)
wird nur ein Spitzname sein. Da können andere Namen nebenher gegangen
sein. Darf uns nicht doch wieder jener *Gebehart citharista, histrio* einfallen,
der einen gleichnamigen Sohn hatte?

Ich habe mich und den Leser in dem Aufbau des vorstehenden
Phantasiegebäudes vorerst nicht stören wollen. Es ist besser, solche vage
Vermuthungen nur immer unbekümmert vorzubringen, wenn sie uns zufällig
in den Sinn kommen, damit sie uns nicht hinterher als etwas höchst
Wichtiges, von uns Übersehenes entgegengehalten werden. Aber ihnen
nachhängen darf man nicht.

Es genügt darauf aufmerksam zu machen, dass der Sohn des Spielmannes Gebehart nicht selbst Spielmann genannt wird, dass bei der Untersuchung über den 'Anonymus' kein Zufall statuirt wurde (und wer will
alle Zufälle ermessen, durch welche ein Name an der Spitze einer Gedicht-
sammlung verschwinden kann: der Urheber der Auswahl stellte Strophen
derselben Kunstgattung zusammen), und dass für den jungen Spervogel
die willkürliche Beilegung des berühmten Namens, dessen Träger dem
jüngeren Manne zum Vorbild diente, nicht ausserhalb des Bereiches der
Möglichkeit liegt. Wer will übrigens ausmachen, wie die beiden Rumelant
zu ihrem identischen Namen kamen?

Immerhin ist die Bezeichnung Anonymus nicht bequem und man fühlt
sich versucht, ihn Spervogel den Vater oder den ältesten Spervogel zu
taufen, nur um einen Namen zu bekommen.

39)   Ich gestehe, dass mir die ganze Namenfrage sehr gleichgiltig ist. Wir
schleppen in der Geschichte so viele Namen mit ohne Inhalt. Hier haben
wir einmal den weit günstigeren Fall: Inhalt ohne Namen. Die leeren
Namen sind durch Heriger, Gebhard, Kerling vertreten.

Zwei Persönlichkeiten, weniger sicher eine dritte, sind uns entgegen-
getreten, und ihr innerer Zusammenhang ist uns klar geworden. Nicht mit
Unrecht pflegt Müllenhoff von einer Spervogelschen Schule zu reden. Es
ist eine Gruppe fahrender Sänger, Pfleger der didaktischen Poesie, mit
Tendenzen, wie sie in der langen Epoche bürgerlicher Litteratur vom
13. Jahrhundert bis ins 18. hinein weit sich griffen. Im 12. und 13.
Jahrhundert selbst nahmen Walther, Freidank, Stricker einzelne ihrer
Bestrebungen auf. —

Wir können zu jenen dreien noch andere Persönlichkeiten fügen.

Zunächst den Dichter von MF. 30, 34. Er ist ein älterer Zeitgenosse
Spervogels, der seine Strophe nach ihm bildete (S. 5) und wie er
Priameln dichtete, eine Gattung, die der Anonymus vernachlässigte. Auch
dieser Dichter hat es mit einem jungen Gönner zu thun, der sich karg
zeigt und dem er seine Treue und seinen 'weisen Rath' anpreist wie
Spervogel.

Da ist ferner Spervogels *geselle*, der Verfasser von 20, 17. Er hat ohne Zweifel auch in seiner eigenen Weise gedichtet, hier bedient er sich der Spervogelschen, weil er sich auf einen Spruch Spervogels bezieht und denselben gleichsam fortsetzt.

In einem Verhältnis von etwas anderer Art befindet sich der Anonymus mit 28, 34 zu einem älteren Dichter, dem Verfasser von Denkm. Nr. 49, 3:

> *Der si dere chilchun gât*
> *und âne riuwe dâ stât,*
> *der wirt seme jungistime tage*
> *âne wâfin resclagen.*
> *swer dâ wirt virteilet,*
> *der hât iemir leide.*

Das Gedicht des Anonymus, das Müllenhoft zum a. O. verglichen hat, lautet:

> *Swer gerne suo der kirchen gât*   40)
> *und âne nit dâ stât,*
> *der mac wol frœlichen leben.*
> *dem wirt se jungest gegeben*
> *der engel gemeine._*
> *wol in, das er ie wart!*
> *se himel ist das leben alsô reine.*

Müllenhoff ist geneigt, die zunächst angeführte Strophe ebenfalls dem Anonymus, den er Spervogel nennt, zuzuschreiben, indem er bemerkt: 'denselben Gegensatz, der zwischen diesen Sprüchen stattfindet, hat Spervogel auch in seiner Schilderung des Himmels und der Hölle, MF. 28, 20 ff. 27 ff.' Uns hindert daran die metrische Form, aber auch die noch grössere Einfachheit, Schmucklosigkeit, ich möchte sagen Nacktheit des Vortrages in dem alten Denkspruch. Vielleicht existirte von dem letzteren eine uns verlorene leichte Überarbeitung durch den Anonymus, denn das Umgekehrte, Verstümmelung eines am Schlusse ausgeführteren Spruches, hat geringe Wahrscheinlichkeit. Auch ohne eine solche Überarbeitung ist indes Beziehung auf ein fremdes Gedicht denkbar.

Wenn wir hier nach rückwärts über den Anonymus hinaus auf einen älteren Dichter geführt werden[1]), so leitet uns der Anhang des Heidelberger Freidank und MF. 244 [246²], 77 ff. an das andere Ende der Gruppe der Spervögel, zu den Zeitgenossen und nächsten Nachfolgern des dritten Dichters.

---

[1]) Diesem kann man jetzt auch den Verfasser des von Keinz Münchener Sitzungsber., 1869, II. S. 319 [Denkm. 492²] herausgegebenen Spruches *Übermuot diu alte diu rüet mit gewalte* usw. (sechszeilige Strophe mit verlängerter letzter) beigesellen.

Nicht alles, was *h* bietet, gehört hierher. Die drei ersten Strophen rühren ohne Zweifel von einem nachwaltherischen Spruchdichter her. Die vierte ist zu gelehrt für die ältere Zeit (vergl den Marner HMS. 2, 250 Nr. 17; Rumezlant 2, 369'; Wizlav 3, 79'), sie setzt genaue Bekanntschaft mit Daniel 2, 31—42 voraus, ohne Kenntnis dieser Stelle ist sie nicht verständlich. Str. 23 mit ihren Schlagreimen muss gleichfalls ausgeschieden werden. Den Rest dagegen darf man mehr oder weniger in die Richtung des jungen Spervogels einordnen. Es sind zwanzig Strophen in neun Tönen: darunter stehen die Strophen 5. 6. 14. 15. mit ihrem Ton allein.

Die metrischen Formen sind meist sehr einfach: aber stets dreitheilig, 41) z. B. (Str. 7 ff.) sieben stumpfgereimte Zeilen von je vier Hebungen mit der Reimstellung *ababccc*: oder (Str. 14) acht Zeilen gleicher Beschaffenheit, gereimt *ababccdd*. Von den übrigen sieben Tönen finden wir in fünfen (Str. 5. 15. 24 ff. 28 f. = 32. 30 f.) Erweiterung der letzten Reimzeile durch eine vorgeschobene Waise. In 24 ff. besteht der Aufgesang aus stumpfen viermal gehobenen Zeilen *abab*, und der Abgesang verhält sich zu Z. 3—7 des zweiten Spervogeltones (Ton des Anonymus) fast ebenso wie der Abgesang des jungen Spervogel zu denselben Versen des ersten: nur Waise und letzte Reimzeile sind verschieden, dort vier Hebungen stumpf mehr fünf Hebungen klingend, hier fünf Hebungen stumpf mehr drei Hebungen klingend, d. h. die beiden klingenden Zeilen sind einander im Masse gleich gemacht und der Waise dafür an Länge zugelegt. Ähnlich ist der Abgesang in Str. 28. 29. 32 gestaltet: die beiden klingenden Zeilen des zweiten Spervogeltons haben ihre Stellen getauscht, es folgen also 5 H. kl. 4 H. st. Waise, 3 H. kl. Der Abgesang in Str. 30. 31 verbindet die Schlüsse der beiden vorhergehenden Töne (nur die fünfmal gehobene Waise um eine Hebung vermehrt) und verdoppelt diese Verbindung:

> 4 stumpf Waise. 3 kl. *a*
> 6 stumpf Waise. 3 kl. *a*
> 4 stumpf Waise. 3 kl. *b*
> 6 stumpf Waise. 3 kl. *b*

Man darf auch 10—13 hierher rechnen: Aufgesang wie in 24 ff. Der Abgesang lässt sich auf das letzte Reimpaar des ersten und dritten Spervogeltons zurückführen: die Waisen sind durch Reimzeilen ersetzt, die schliessende Reimzeile verdoppelt.

Weiter entfernen sich von dem metrischen Charakter der Spervogelstrophen die vereinzelten Sprüche 5. 6. 15. Denn dass 5 und 6 im Aufgesang die Reimstellung *abcabc* haben, wie der junge Spervogel (und Str. 30 f.), kommt bei der sonstigen Verschiedenheit nicht in Betracht.

Mit der äusseren Verwandtschaft geht die innere Hand in Hand. Wobei man natürlich nicht so sehr auf das Thema sehen muss, den moralischen Satz etwa, um den sich ein Gedicht dreht, als vielmehr auf die innere Form, den Stil.

Metrische Einfachheit darf man nicht ohne weiters für Alterthümlichkeit nehmen. Zwar 14 erinnert an die Art, wie der alte Anonymus religiöse Lehrstoffe behandelt. Aber bei 7—9 möchte ich nicht verbürgen, dass die 42) mehrfachen wörtlichen Übereinstimmungen mit Freidank auf Entlehnung durch diesen beruhen. Ebensowenig freilich das Gegentheil. Halten wir aber fest, dass dieser Dichter mit seiner aufgehäuften Spruchweisheit näher zu Freidank gehört, als zu den Spervögeln. Nur wenn gar zu rasch, Schlag auf Schlag, sich verschiedenartige Sätze folgen, wie 8, 5:

> *Gedanke und ougen die sint snel,*
> *gelücke die sint sinewel,*
> *rede âne got sint tôren spel —.*

so erinnert das an die Priamel. Str. 7 ist durch ihren Inhalt merkwürdig, sie lautet:

> *Dô got den êrsten man geschuof,*
> *den lesten erkante er sâ zestunt.*
> *Er hært gedanke sam den ruof,*
> *diu herze sint im alliu kunt.*
> *Swâ er erkennet reinen muot,*
> *dâ nimt er willen vür das guot:*
> *den wehsel nieman mêre tuot.*

Die Hs. hat 1. Da 2. bekante er sa zehant 3. hæret 4. die . alle Der Gedanke der zwei ersten Zeilen findet sich auch in dem Gedicht vom Rechte (Karaj. 13, 24):

> *dô got pileden began*
> *den aller êresten man,*
> *nu sehet welh ein wunder dâ geschach*
> *das er dem jungisten under d'ougen sach.*

Gerade diese Meinung aber in derselben Formulirung wird von Berthold von Regensburg für eine ketzerische erklärt (J. Grimm Kl. Schr. 4, 322). Eine ganz ähnliche Persönlichkeit wie der Dichter von Strophe 7—9 ist der von Strophe 24—27. Auch er mehr mit Freidank zu vergleichen. Auch er nur an geistlichem Stoff seine Gedanken zusammenhängend entwickelnd (26. 27), sonst moralische Sprüche lose an einander reihend (24. 25). Beide Dichter enthalten sich des parabolischen Ausdrucks.

Grössere Energie des Vortrags und grössere Lebhaftigkeit der Phantasie verräth der Verfasser von 28. 29. 32. Er kann als eine Art Fortsetzer der religiösen Dichtung des alten Anonymus angesehen werden. Nur in 29 ist der Zusammenhang etwas lose. Vortrefflich finde ich namentlich Str. 28, wo der Dichter, um die Überfülle der göttlichen Gnade ins Licht zu stellen, die Wendung gebraucht: 'Wisst ihr, wenn ich Herr über den Himmel wäre, 43) so müsstet ihr mir für den Sonnenschein Zins zahlen: und wenn einer Wasser und Luft, über die wir jetzt frei verfügen, erst kaufen sollte, der

müsste sich bei dem Handel gewaltig in Acht nehmen' (er müsste sorgfältig unterhandeln, feilschen, damit er nicht für diese nothwendigsten
Lebensbedürfnisse sein ganzes Vermögen aufzuopfern gezwungen wäre). So
verstehe ich den Abgesang:

> *Nu merket, wær diu sunne min,*
> *ir mûestet zinsen alle ir schln.*
> *wazzer unde luft ist uns gemeine:*
> *swer die sollte erkoufen gar,*
> *der mûeste dingen kleine.*

Freidank bediente sich der Stelle in ganz anderem Sinne zu einer
Polemik gegen die Fürsten:

> *Die vürsten twingent mit gewalt*
> *velt, steine, wazzer unde walt,*
> *dar zuo wilt und zam:*
> *si tæten lufte gerne alsam:*
> *der muos uns noch gemeine sin.*
> *möhtend uns der sunnen schln*
> *verbieten, wint unde regen,*
> *man mûesen zins mit golde wegen.*

Freidank hat das Amt der Kritik öffentlicher Zustände gleichsam von
Walther übernommen. Den Kreisen deutschdichtender Fahrender des
12. Jahrhunderts, in welche uns Einblick vergönnt ist, scheint dasselbe
noch fremd zu sein.

Die echte jüngere Spervogelweise dagegen glaube ich in Strophe
30 und 31 zu erkennen. Da ist die Fülle des bildlichen Ausdrucks, die
Vertrautheit mit der Fabel, die priamelartige Häufung. Nur ein frommer
Zug hat sich beigemischt, und die Einheitlichkeit des Gedichtes scheint ge-
lockert. Oder wurden diese scheinbar so buntgewürfelten Strophen durch
Beziehung auf bestimmte Anlässe zusammengehalten und auf einen Punkt
gerichtet? Wir haben sonst schon gesehen[1]), wie diese unstäten Gesellen
sich als unentbehrliche Rathgeber derer hinzustellen liebten, auf deren Gunst
und Freigebigkeit sie angewiesen waren. Ist der Dichter selbst der *arme*
wîssage von 30, 2? Oder spottet er über einen anderen, den er mit einem
44) Arzte vergleicht, der sich selbst nicht retten kann, und mit einem Esel,
der auf Löwen Jagd macht? Wenn man etwas durchsetzen wolle, so müsse
man die Macht besitzen, um den Widerstand zu brechen, gerade wie ein
luitrihtære nicht zungenlahm sein dürfe. Aber richtet sich diese Mahnung
nicht am besten an irgend einen Dynasten des Reiches, der über seine

---

[1]) Seite 10 und 84; vergleiche was der Meissner (J 97, MSH. 3, 103[1]) von sich
sagt ich bin ein lêrer aller guoten dinge unt bin ein rátgebe aller tugent. Ist es
so gemeint, wenn Heinrich von Mügeln sich Karl IV. rât nennt (Sitzungsber.
55, 456)?

Machtmittel hinaus nach Einfluss strebte? Vielleicht derselbe, dem Strophe 31 nachgesagt wird, ihm sei das unbedeutendste Reis gemäss und gleichwohl verlange er nach einem Greifennest. Das sei die Hoffart eines Mannes, der sich ohne Gott behelfen wolle, der nur vollkommen sei nach dem Urtheile der Welt. Man vergleiche den Wortlaut und entscheide, ob eine solche Deutung Stich hält.

Am eigenthümlichsten und doch als ein Verwandter darf sich vielleicht der Verfasser von 10—13 neben den jungen Spervogel stellen. Der Zusammenhang der Gedichte in sich ist mindestens ebenso streng wie bei diesem: Strophe 11, bei der man das bezweifeln könnte, sagt: 'Man fasst leicht ein günstiges Vorurtheil für andere, indem man gute Eigenschaften, deren man sich selbst bewusst ist, solchen zutraut, die sie keineswegs besitzen; darum hüte man sich vor dem Wolfszahn in Freundes Munde.' Die Strophe erinnert durch die Einführung des Freundes an 16 *h* und Spervogel 30 *AC* (vergl. oben S. 32). Sehr hübsch spitzt sich 10 zu einer bildlichen Pointe zu, indem der Dichter sich selbst mit dem Kaiser vergleicht und daran die Zufriedenheit mit seinem Loose erläutert: dass man thun könne was man wolle, darauf allein komme es an. Wenn hier der Verfasser Lebensweisheit predigt, so dreht sich 13 um den Gegensatz zwischen Welt und Gott und schärft die Treue ein: *triuwe ist hie der êren hort und treit ze himele krône.* Besonders aber ist Strophe 12 auszuzeichnen, eine etwas derbe Satire gegen ein sociales Gebrechen, die Lockerung des ehelichen Bandes: also innerhalb des hier betrachteten Kreises beinahe eine neue Gattung. Man könnte MF. 244 [246²] Z. 77 daneben stellen, worin angeführt wird, dass Frauen oft dem unwürdigeren Bewerber den Vorzug geben. Aber Niemand wird das für ein sociales Gebrechen erklären, nur die Beziehung auf das Gebiet von Liebe und Ehe ist gemeinschaftlich. Dagegen gehört die Strophe des Anonymus 29, 27 ganz hierher. Aber man lasse einmal den heiligen Ernst auf sich wirken, mit dem der alte Poet 45) den Ehebruch verdammt, und halte daneben die behagliche Ironie, mit welcher der Zeitgenosse des ausgebildeten höfischen Minnedienstes die auch von ihm missbilligte Sache hinstellt.

Der Spruch.

Es war gelegentlich schon davon die Rede (S. 7. 12. 15. 34. 38.), welche Stelle der Spervogelschen Poesie in dem grossen geschichtlichen Zusammenhange der deutschen Litteratur zukomme. Die Sache wäre einer erschöpfenden weitgreifenden Erörterung fähig und würdig, zu welcher ich hier nur einen Beitrag liefern will.

Die Gedichte des Anonymus, Spervogels, des jungen Spervogels und ihrer gleichartigen Vorgänger (S. 35), Zeitgenossen und Nachfolger sind Sprüche.

Den Begriff des Spruches hat Simrock (zu Walther 1, 175) in die mittelhochdeutsche Poetik eingeführt. Was ist der Spruch? Der Spruch ist gesungene Poesie: wie Lied und Leich. Vom ersten Spervogelton steht die Melodie in der Jenaer Handschrift: Hagen Minnes. 4, 790ᵇ; vierstimmig gesetzt bei Liliencron und Stade (Lieder und Sprüche aus der letzten Zeit des Minnesanges). Dass *singen* und *sanc* auch von Sprüchen, *sprechen* und *spruch* auch von Liedern gesagt wurde, zeigt Lachmann über Singen und Sagen S. 7; Wackernagel Litteraturgesch. S. 237 [304²] §. 70 n. 10. —

Der Spruch ist monologisch. D. h. ein einzelner redet darin, er redet entweder zu sich selbst oder zu einem zweiten (wie im Räthsel und in Streitgedichten) oder zu dem Publicum. Das Chorlied scheint ausgeschlossen. Lachmann a. O. weist darauf hin, dass in einer Spruchweise Walthers der Ausruf *wol úf, swer tanzen welle nách der gígen* (19, 37) vorkomme. Aber das ist wohl, wie Lachmann selbst offen lässt, nur eine Aufforderung zum Tanz, der dann in einer anderen Weise sollte gesungen und getanzt werden. Überdies: das Tanzlied ist nicht nothwendig Chorlied, wie z. B. die Tanzweisen Ulrichs von Lichtenstein zeigen.

Schwieriger ist eine andere Frage und hier von unmittelbarerem Interesse: ob die geistlichen Sprüche unseres Anonymus zum Volksgesang bestimmt waren. Ich glaube: nein. Mehrere dieser Strophen zu einem Liede zusammenzufassen, wie noch wieder Phil. Wackernagel (Das deutsche Kirchenlied 2, 41) thut, geht gewiss nicht an. Und wenn es anginge, so würde in 29, 6 immer nicht ein Chor, sondern ein einzelner reden. 'Kirchenlieder' sind das so wenig wie Walthers 'Zinsgroschen' oder seine antipapistischen Sprüche (Wackernagel a. O. S. 64).

Man vergleiche nur einmal, was sonst Wackernagel unter dem zwölften Jahrhundert S. 43—51 bringt. Auch dies freilich nicht alles Kirchenlied und nicht alles aus dem zwölften Jahrhundert; aber doch den ältesten Ton des geistlichen Volksliedes zum Theil treu bewahrend. Lieder wie *Krist ist erstanden* (Wackernagel 2, 43 vergl. S. 726—732; Hoffmann Kirchenl. 2. Ausg. S. 179 ff.) oder *Nu biten wir den heilegen geist* (Wackernagel 2, 44; Hoffmann S. 67) stehen der Einfachheit der alten Leisen (Denkm. Nr. 29) noch sehr nahe.

Und nun halte man das Osterlied *Krist ist erstanden* neben den Spruch des Anonymus (30, 20) *An dem österlichen taye*: wie bestimmt trotz aller Kürze tritt dort der lyrische Charakter, der Charakter des Hymnus hervor. Der Inhalt könnte nicht ähnlicher sein: im Eingang die Thatsache 'Christus ist auferstanden', darnach eine Auffassung dieser Thatsache. Letztere aber wie verschieden hier und dort: im Liede ganz subjectiv *des sul wir alle frô sîn, Krist sol unser trôst sîn*; im Spruch ganz objectiv 'er hat seine Creaturen erlöst, seinen Kindern zum Trost stieg er in die Hölle hinab.'

Ganz gewiss haben wir in den geistlichen Sprüchen des Anonymus nur die Vorläufer der geistlichen Sprüche Walthers und aller späterer Spruchdichter vor uns. Theils schliessen sie sich mit reinem Lehrinhalt an die Predigt an (vergleiche oben S. 7, theils sind es Gebete, welche entweder dem Staunen über die göttliche Allmacht und Allwissenheit (30, 27) oder dem individuellen Schuldgefühl Ausdruck geben. Alle diese Gattungen, poetische Predigt, poetisches Gebet, poetische Sündenklage, sind von der geistlichen Dichtung des elften und zwölften Jahrhunderts überkommen und auf die Spruchdichtung des dreizehnten vererbt. Die Umwandlung der Manier kann man sich etwa an Friedrichs von Sunburg Weihnachtspruch *J* 31 (HMS. 3, 74), verglichen mit des Anonymus *Er ist gewaltic unde starc* (28, 13), verdeutlichen. Dagegen wird Meister Alexanders *Herre got dir sungen schöne* (*J* 1—3, HMS. 3, 26) ein wirkliches Kirchenlied zum Weihnachtsfeste sein. —

Der Spruch ist einstrophig. Erst Frauenlob, sagt man, habe dies Gesetz durchbrochen, bei ihm fänden sich auch Sprüche von mehreren Strophen, wie sie dann beim Regenbogen und späteren häufig auftreten. 47) Und in der That, man braucht nur Ettmüllers Ausgabe unter 'Sprüche' aufzuschlagen, so lassen die Beispiele sich nicht lange suchen.

Im langen Ton ist eine Art von alttestamentlichen Balladen abgefasst. Strophe 28—30 behandelt Moses, 31—33 Noe, 35—37 und 38—40 David. Und selbst Strophen des kurzen Tones, der am meisten noch an die Spervogelweisen erinnert, gehören zusammen. Die drei Strophen 223—225 zählen, ohne dass man jede für sich nehmen könnte, die drei Freuden auf, welche die Männer den Frauen verdanken. Strophe 197 ist eine Parabel, die in Strophe 198 erst ihre Deutung erhält. Usw.

Aber es ist falsch, dass Frauenlob dergleichen begonnen habe.

Beim Meissner finden wir wiederholt (*J* 46. 47; 58. 59; 74. 75: HMS. 3, 94 ff.) das *bispel* in der ersten, die Deutung in der zweiten Strophe (desgleichen beim Goldener HMS. 3, 51); längeren Lehrvortrag nach Art eines Physiologus, aber mit polemischen Beziehungen auf andere Sänger *J* 82—85.

Beim Kanzler will ich auf das Gebet Str. 7—9 (HMS. 2, 388 f.), obgleich es in einem Spruchton abgefasst ist, nicht zu viel Gewicht legen: aber in einem Gedichte desselben Tones Str. 16, 17, das durch seinen astronomisch-physikalischen Inhalt an den Priester Arnolt bei Diemer S. 341 ff. erinnert, geht sogar die Construction aus einer Strophe in die andere über. Strophe 71—74 werden ausdrücklich als ein Gesang von der Scham angekündigt. Und Strophe 75 von der *mitte* correspondirt mit Strophe 76 von der *kerge*.

In des Marners langem Ton (HMS. 2, 246) correspondiren die Strophen 1 vom alten und 2 vom neuen Testament, und in dem folgenden Strophen-

paar gehen die citirten Worte Davids aus 3 in 4 über. Alle diese Strophen
werden ihm freilich nur von D zugeschrieben, und anderes bei ihm scheint
mir weniger sicher. Einen sicheren zweistrophigen Spruch aber gewährt
wieder Gast HMS. 2, 260: es ist eine Priamel, die erst zu Ende der zweiten
Strophe ihr Ziel erreicht. In Reinmars Ehrenton gehören gleich die beiden ersten Strophen,
welche D ihm beilegt, zusammen (HMS. 2, 177). Nicht minder Strophe 44.
45 (2, 185) und Strophe 99. 100 (2, 195). Aber mit Hagen Minnes. 4, 509*
auch die sachlichen Gruppen von D (oben S. 16 f.) hierher zu rechnen,
würde ich für unerlaubt halten. Dagegen lassen sich die Nachweise wirk-
48) licher Zusammengehörigkeit wahrscheinlich stark vermehren: mir war es
nur um einzelne sichere Beispiele zu thun.

Von Walther von der Vogelweide liesse sich 36, 31—37, 23 Lachm.
anführen wenn die Strophen nur wirklich ihm gehörten, s. Wilmanns S. 361.
Aber auch 91, 17—92, 8 sind fünf ganz didaktische Strophen.

Es trifft sich gut, dass beim Anonymus die beiden Strophen, welche
Hölle und Himmel beschreiben (28, 20. 27), zwar jede für sich bestehen
können, aber doch auf einander berechnet sind und in ähnlicher Weise
correspondiren, wie wir das beim Marner und beim Kanzler gefunden
haben. Über ein anderes altes correspondirendes Paar vergl. oben S. 39 f.
Ohne Zweifel waren solche Strophen bestimmt, nach einander gesungen
zu werden. Der Keim zur Durchbrechung des Gesetzes der Einstrophigkeit
ist damit schon gelegt. —

Die Strophe des Spruches ist grösser, besteht aus
längeren Versen und ist auch wohl untheilig aufgebaut.
Alles das lässt sich ebenso von Walthers Elegie *Owê war sint verswunden*
behaupten, obgleich sie Niemand für ein Spruchgedicht erklären wird. Und
die *lange wîse* des Minneliedes (Ulrich von Lichtenstein S. 57. 402. cf. 564,
4) scheint einen Ton zu meinen, in welchem entweder die Strophe viele
Zeilen oder die einzelne Zeile viele Füsse hat. Näher könnte ich auf die
Frage nur unter Berücksichtigung der Melodien eingehen, worauf ich für
diesmal verzichten muss.

Der Spruch ist zu Gottes- und Herrendienst, nicht zu
Frauendienst bestimmt — oder, wie es Koberstein (S. 249) ausdrückt,
'zum lyrischen Ausdruck gedankenvoller' reflectirender Stimmung und zu
mehr ruhiger Schilderung von Gegenständen, die auf das Gemüth des Dichters
gewirkt haben.' Der Spruch wäre also mehr gnomisch-didaktisch.

Aber einerseits ist der gnomische Inhalt nicht auf die Form des
Spruches beschränkt. Wie viele geistliche Lieder würden der Begriffs-
bestimmung des Spruches widerstreben, wenn man ihm den 'Gottesdienst'
zuweisen wollte: das Religiöse kann eben sowohl didaktisch wie lyrisch
wie episch behandelt werden. Aber überall, wo im Chorgesange grössere

Massen sich gemeinschaftlicher Gesinnung bewusst werden und durch das · Aussprechen derselben sich darin bestärken, wird leicht die Gnomik sich einstellen. Die zwei Marschlieder (*üzreise*) Ulrichs von Lichtenstein (S. 403. 456) sind wesentlich didaktischen Inhaltes. Sie schärfen die Ritterpflichten 49) ein und *rûtent ritterlichen muot*, wie Ulrich selbst sich 458, 15 ausdrückt. Auch Lehrgedichte, wie das des Winsbeken oder der Welt Lohn von dem Guotære (HMS. 3, 41) bedienen sich fortlaufender strophischer Form.

Andererseits ist der Minnegesang nicht auf die mehrstrophige Liedform beschränkt. Dass unter den Sprüchen Reinmars von Zweter auch Liebeslieder vorkommen, zeigte sich schon oben S. 17. Von Frauenlob gehören die 'Sprüche' 267. 353—360. 416 und das Lied X hierher. In dem · Liebesleben Walthers entstanden z. B. die einstrophigen Gedichte 27, 17. 27. 44, 11. 23. 35. 57, 15, 61, 8. (120, 16.) Man wird einwenden, dass sie anderen Charakter tragen, sich entweder zu allgemeineren Anschauungen und Lobsprüchen über die Frauen erheben oder auf ganz specielle einzelne Liebesbeziehungen gehen und eine eben vorliegende einzelne zwischen dem Dichter und seiner Dame schwebende Frage zu erledigen suchen. Daraus folgt dann aber, dass für den Spruch eben nicht ein besonderes Gebiet poetischen Stoffes abgegrenzt werden darf, sondern dass er einem bestimmten Charakter der Behandlung entspricht. —

Aus dem allen erhellt, dass Lachmann (Singen und Sagen S. 7) wohl mit Recht zweifelte, ob man wirklich die Sprüche als eine besondere poetische Gattung betrachten dürfe. Nicht als ob ich den bequemen und im allgemeinen unschädlichen Namen verbannen wollte, aber eine feste Grenze zwischen Lied und Spruch ist überall nicht zu ziehen, und es käme darauf an klar zu stellen, was an der Unterscheidung wahres ist und worauf sie beruht.

Lied und Spruch sind aus einer und derselben Wurzel emporgewachsen: aus dem altdeutschen und gewiss schon altgermanischen Gelegenheitsgedicht.

Die echte und älteste Gelegenheitspoesie ist gewiss ein Kind des Augenblicks. Sie ist Improvisation wie der Spielmannsreim von Udalrich · Denkm. Nr. 8 und der Vers des Taubstummen Denkm. S. 275 [288²]. Ihr Charakter ist epigrammatisch.

Das ursprüngliche Epigramm hat die Bestimmung auf dem Gegenstande zu stehen, dem es gewidmet ist. Existirt es abgelöst, so muss man sich den Gegenstand hinzudenken. Ebenso muss man zu einem Producte jener momentanen Poesie die Situation ergänzen, in der es entstand, damit der Gedanke zu voller Wirkung gelange.

Auch das Sprichwort fällt unter diese Kategorie. Die Trefflichkeit 50) eines Sprichwortes wird erst in der bestimmten Lage recht empfunden, in der man es anwenden kann. Und wäre es möglich, seinen Ursprung auszuforschen, so würde man gewiss auf eine ähnliche Lage kommen, aus · der es gleichsam von selbst hervorsprang.

Das Gebiet der momentanen poetischen Eingebung ist ein sehr weites. Jeder einsame Seufzer, der sich zu prägnantem Ausdruck gestaltet, gehört hierher. Jeder treffende Witz, jedes 'geflügelte Wort', das von Mund zu Munde läuft, gehört hierher. Es fragt sich nur, wie weit eine solche Improvisation sich zur Kunstform erhebt. Dem Sprichwort gesteht man sie zu, weil immer ein Vergleich, ein Bild zum Grunde liegt. Der individuelle Fall, auf den ich es anwende, wird dadurch in die Sphäre der allgemeinen Erfahrungen entrückt. Und diese Verallgemeinerung oder vielmehr diese Subsumtion unter ein Allgemeines geschieht doch nicht in den dürren Formen der Logik, sondern in der Ausdruckweise, welche als das echteste Kennzeichen poetischer Sprache gelten muss. Ob dann die äussere poetische Form, ob Metrum, ob die Bindemittel (Allitteration und Reim) hinzu treten, ist gleichgiltiger. Vielfach geschieht das. Und die innere poetische Form kann mitunter durch die äussere ersetzt werden. Der Abschreiber, der das ersehnte Ende seiner Arbeit mit den Worten feierte: *châmo kiscreib, filo châmôr kipeit* (Denkm. Nr. 16) hat sich gewiss poetisch ausdrücken wollen. Auch sein Reim ist ein Gelegenheitsgedicht.

Bildlicher Ausdruck oder sagen wir innere poetische Form könnte etwa als die erste Stufe des Gelegenheitsgedichtes hingestellt werden. Kommt der Schmuck der äusseren poetischen Form hinzu, so befinden wir uns auf der zweiten Stufe. Wird das Gedicht gesungen, so wäre das als die dritte Stufe anzusehen.

Das Vorhandensein der zweiten Stufe unterliegt wohl keinem Zweifel. Der Taubstumme, der nach der Passio Thiemonis (Denkm. S. 275 [288¹ f.],) für die Gründung von Admont den Ausschlag gab, hat sicherlich nicht gesungen. Und der Mönch, der seiner gepressten Abschreiberseele durch ein Verslein Luft machte, hat sich schwerlich eine Melodie dazu gesummt.

Gewiss aber wird es erst auf der dritten Stufe geschehen, dass poetische Producte dieser Art nicht bloss in gleicher oder ähnlicher Situation, sondern um ihrer selbständigen Schönheit willen auch von anderen als ihren Urhebern wiederholt werden. Erst mit der musikalischen Weihe versehen, kann das Gedicht in jene Gemüthsregion vordringen, in welcher das uninteressirte Wohlgefallen zur Herrschaft berufen ist. —

Es folgt nun aus dem momentanen Charakter der Gelegenheitspoesie, dass sie höchst subjectiv sein muss und den Gegenstand nur einseitig auffassen kann. Sie gibt einen individuellen Eindruck wieder, ein persönliches Verhältnis zu einem vorliegenden Fall, der Lust oder Unlust erweckt, der zu Lob oder Tadel auffordert, der Freude oder Trauer hervorruft, der zu ernsthafter Betrachtung oder zum Lachen bewegt. Auch wo ein Epigramm für die Stimmung von Tausenden das lösende Wort spricht, wird der Dichter ein Mitbetroffener sein, in dem persönlichen Eindruck des Verfassers erkennen die übrigen ihren eigenen Eindruck wieder.

51)

Nimmt man dies zusammen — das Momentane und das Subjective — und erwägt die 'Enge des Bewusstseins': so folgt von selbst, dass im Grunde nur e i n Aperçû zum Ausdruck gelangen kann, und dem ist nur die Einheit der metrischen Form, nur die einfache Strophe gemäss. So finden wir die deutsche Gelegenheitsdichtung noch im zwölften Jahrhundert, in den ältesten Liedern unbekannter Verfasser, in den beiden unter Dietmar von Aist überlieferten Strophen MF. 37, 4—29 z. B., in den namenlosen MF. 3, 1—4, 16 und in den sogenannten Kürenbergischen.

Unter den letzteren schon das erste Beispiel zweier untrennbar zusammenhängender Strophen in dem Liedchen *Ich zôch mir einen valken.* Aber es fragt sich, ob das strenggenommen noch dieselbe Gattung ist, ob das Lied noch im eigentlichsten Sinne als Gelegenheitsgedicht bezeichnet werden darf. Die Dame, welche darin ihren Gefühlen Worte leiht, redet nicht aus der übermächtigen Empfindung des Moments heraus, sie über- blickt einen längeren Zeitraum, ihre Stimmung entspringt aus einer Kette von Erfahrungen, die sie in bildlichem Ausdruck zusammenfasst. Das mehr- strophige Lied (*diu liet*) der ritterlichen Minnesinger kündigt sich an.

Dazu tritt eine innere Verschiedenheit.

Durch gegebene Verhältnisse, durch eintretende Ereignisse können entweder vorzugsweise des Dichters Wünsche und Interessen, sein persön- lichstes Wohl und Wehe, oder es können vorzugsweise seine Lebens- 52) ansichten und Meinungen betroffen werden. Darnach werden seine Gedichte mehr persönlichen oder mehr sachlichen, mehr lyrischen oder mehr didak- tischen Charakter aufweisen.

Alle jene angeführten Strophen halten sich, was den Stoff anlangt, innerhalb des Kreises der Liebe. Aber *Tougen minne diu ist guot* MF. 3, 12 spricht nur Ansichten aus. Und MF. 7, 1. 7, 19. 10, 17 beginnen wenigstens mit allgemeinen Sätzen, auf die sie erst die individuelle Anwendung folgen lassen. Solche Liebeslehren kommen schon in den Hâva mâl vor (St. 91— 94) und auch die individuelle Anwendung fehlt nicht, wo Odin die Er- zählung seines Abenteuers mit Gunnlöd an einen solchen Spruch (Str. 95) knüpft.

Dietmar von Aist, der auch in seinen echten Gedichten die Ein- strophigkeit nicht verlässt, bietet in 33, 31 wie Meinloh Verhaltungsregeln für Liebende.

Bei allen sind in demselben Ton auch eigentliche Lieder rein lyrischen Charakters gesungen. Nimmt man dazu die Mannigfaltigkeit der Sprüche des Anonymus, Spervogels und ihrer Schule, und erwägt, dass auch der politische Spruch bereits vor Walther existirt haben dürfte: so eröffnet sich der Blick auf eine Form von so vielartiger Verwendbarkeit und von so allgemeiner Geltung, dass aus allen neueren Litteraturen wohl nur das Sonett damit verglichen werden kann. Vergegenwärtigt man sich die Rolle, welche das Sonett in der Geschichte der italienischen Dichtung gespielt hat, so wird man am ehesten eine Vorstellung bekommen von den Massen verlorener deutscher Gelegenheitspoesie, deren letzte Ausläufer uns in der zweiten Hälfte des zwölften Jahrhunderts entgegen treten. Freilich, dass im Sonett e i n e bestimmte Strophenform zur alleinigen Geltung gelangte, ist ein wichtiger Unterschied. Aber es scheint, dass eine Zeit lang wenigstens in Österreich die Nibelungenstrophe als die allgemeine Form des Gelegenheitsgedichtes in ähnlicher Weise für Jedermann bereit lag. — Bald nach der Epoche, in welcher wir die deutsche Gelegenheitsdichtung umfänglicher kennen lernen, scheidet sich das mehrstrophige Lied davon ab.

Einerseits das einheimische Tanzlied erotischen Inhalts mit Frühlings- oder Wintereingang, andererseits das provenzalische Liebeslied mochten äusserlich darauf einwirken.

53) Dazu kommt ein innerer Grund. Reflexion, Selbstbeschauung, Selbstanalyse nehmen überhand. Der Inhalt wird zu mächtig. Das Gefühl ist mit der einmaligen kurzen Entladung nicht mehr zufrieden. Es will sich entfalten, austönen. Stunden- und tagelange Träume kommen nur in grösseren poetischen Gebilden zur Ruhe, zum Abschluss. Dichter, welche Profession daraus machen, den Liebesschmerz in sich zu pflegen, können ihren Stoff nicht mehr in dem engen Rahmen einer Strophe bezwingen.

Friedrich von Hausen steht dem deutschen Gelegenheitsgedicht schon sehr fern. Einstrophigkeit zeigt ausser dem Epigramm auf zurückbleibende Kreuzfahrer 53, 31 und dem ingrimmigen 47, 33 nur sein ältestes Gedicht *In mînem troume ich sach* 48, 23. Die Jahreszeit erwähnt er nie formelhaft im Eingange.

Veldeke hat beides, den formelhaften Eingang und viele einstrophige Gedichte. Nur fünf Strophen in 57, 10; vier in 56, 1; drei in 59, 23 und 62, 25; zwei in 61, 33 und 62, 11: daneben 33 einzelne Strophen. Unter diesen manche, die man nicht Liebeslieder nennen kann, entweder gnomisch wie 60, 13 oder satirisch, gegen die *rüeger*, die *bœsen*, die *nîdigen* 60, 29. 61. 9. 65, 5; gegen die *huote* 65, 21; gegen den allgemeinen Charakter der, wie er meint, sich verschlechternden Gesellschaft (*verelt*) 61, 1. 18. 25. 65, 13: alles freilich Motive, die dem Kreise des Liebelebens angehören.

Ulrich von Gutenburg hat neben seinem Leich nur einstrophige Minnelieder; Rudolf von Fenis neben sieben mehrstrophigen auch zwei einstrophige. Auch beim Johannsdorf begegnen einige (5 unter 18 Gedichten) ganz alterthümlich kurze Liebesstrophen, umgekehrt ein dreistrophiges Gedicht 89, 21, das sich mit einer öffentlichen Frage, dem Kreuzzuge, beschäftigt und erst zum Schluss der Geliebten Erwähnung thut.

Grösseren Umfang gestattet Heinrich von Rugge dem einstrophigen Gedichte: 20 unter 31 Gedichten (vom Leich abgesehen). Dabei ganz

gnomische wie 107, 27. Vergl. auch 104, 24. 105, 24. 33. 102, 1. 14. Die
Sprüche vergleichen sich den ähnlichen des Veldekers, welchen (61, 33)
Rugge wohl in dem Liedchen 100, 34 nachgeahmt hat.
Auch Bernger von Horheim S. 115, Hartwig von Raute S. 117,
Heinrich von Morungen (129, 5. 134, 6. 142, 19. 147, 4), Reinmar der alte
(152, 25 ff. 156, 10. 167, 13. 22. 169, 33. 175, 29. 36. 182, 4. 185, 20. 54)
191, 25), Hartmann von Aue gewähren Beispiele des einstrophigen Gedichtes
(obgleich hie und da zugehörige Strophen für uns verloren sein mögen),
und wer möchte alle Belege aus späteren Lyrikern sammeln? Aber specifischen Charakter wüsste ich nur selten nachzuweisen. Es sind eben kleinere
Stoffe, die für eine umfänglichere Behandlung nicht ausreichen.

Am ehesten verrathen noch Hartmanns Einzelstrophen eine gewisse
Besonderheit: das Klagelied über seines Herrn Tod 206, 10, der Widerruf
(208, 32) des fünfstrophigen Liedes 207, 11 und eine kurze höchst einfach
gebaute Strophe (211, 20), die offenbar zu weiter Verbreitung bestimmt war
und dem Kreuzzuge zahlreiche Theilnehmer zuführen wollte: heutzutage
würde man ein Flugblatt ausgehen lassen oder eine Broschüre schreiben.

Ganz entsprechend der gewöhnlichen Scheidung von Lied und Spruch
sind die drei uns erhaltenen Gedichte Bliggers von Steinach. Zwei Liebeslieder von zwei und drei Strophen. Ein Spruch in langer Strophe mit langen
Versen (aber doch dreitheilig gebaut), streng didaktischen Inhaltes:
moralische Betrachtungen, die sich an ein Gleichnis knüpfen.

Wenn allen früher genannten Dichtern gegenüber Walther ein so
wesentlich anderes Gesicht zeigt, so wird das kein Zufall sein. Der Österreicher stand auf einem anderen Boden. Hier war mit dem Volksepos die
volksthümliche Form der Lyrik und Gnomik länger in Kraft und kräftiger
geblieben. Beides wirkt auf ihn: Reinmars importirte Kunstpoesie und der
altbewahrte Sang der Fahrenden.

Bei Walther hat die volksthümliche Gelegenheitsdichtung grossen
Umfang zur Besprechung sei es persönlicher, sei es öffentlicher Verhältnisse,
zum Vortrag sei es allgemein moralischer, sei es christlicher Lehren. Aus
ihm ist der Unterschied zwischen Lied und Spruch hauptsächlich abstrahirt.
Er behält für die Tagespoesie, für das Epigramm, für didaktischen Inhalt
die Form der Einstrophigkeit grossentheils bei, ohne sich jedoch strenge
daran zu binden: wo der Stoff zu gross ist, um sich in die enge Form
pressen zu lassen, geht er ungescheut darüber hinaus. Umgekehrt können
auch Liebeslieder in der Strophe des Gelegenheitsgedichtes gesungen werden,
wo es sich nur um ein prägnantes Aussprechen, nicht um einen vollen
Erguss von Gefühlen handelt.

Der Bau der Strophe ist nicht minder durch den Inhalt bedingt.

Man kann leicht bemerken, dass gewisse Weisen vorzugsweise gewissen 55)
Gegenständen gewidmet sind. Eine andere Satzbildung wird sich einstellen

im rhetorischen, eine andere im reflectirenden Ton: die Länge der Verse, einfacheres oder künstlicheres Schema der Strophe wird zunächst hiervon abhängen. Der Spruch steht der Prosa näher.

Doch sind über das Verhältnis von.Inhalt und Form in der mittelhochdeutschen Poesie genauere Untersuchungen noch nicht angestellt. Tiecks überfeinhörige Bemerkungen in der Vorrede zu den 'Minneliedern' waren Träumereien, Einbildungen.

Begnügen wir uns für jetzt damit zu sagen: der Spruch ist die Form des altdeutschen volksthümlichen Gelegenheitsgedichtes, die in der Blütezeit der mittelhochdeutschen Litteratur nur für gewisse Stoffe beibehalten und nur von wenigen Dichtern ausgiebig gepflegt, für das eigentliche Liebeslied aber in der Regel mit mehrstrophigen und sangbareren (auch tanzbaren[1]) Weisen vertauscht wurde.

Unter Walthers Nachfolgern scheint Reinmar von Zweter, allerdings vorwiegend Didaktiker, noch einmal ganz zu der Art des alten Gelegenheitsgedichtes, wie es die Spielleute handhabten, zurückzukehren. Andere, wie der Marner, wie Konrad von Würzburg, bleiben der Scheidung getreu: jeder Inhalt, jede Gattung hat ihre eigene poetische Technik. Wie und wann bei den späteren sich die Gattungen vermischen, darüber will ich ohne Herbeiziehung der Musik keine Vermuthung wagen. So viel lässt sich mit Sicherheit behaupten, dass gegen Ende des dreizehnten Jahrhunderts das Formgefühl abnimmt, dass jeder beliebige Inhalt in jede beliebige Form gegossen wird.

Die Spruchtöne werden überkünstlich, und die künstlichsten Spruchtöne werden nun auch zu epischen Gedichten gebraucht. Es genügt an die 55) Erzählungen vom Zauberer Virgilius Germ. 4, 237. 5, 369 oder an die vom goldenen Horn Germ. 5, 102 oder an den 'alten Meistergesang' bei Eschenburg Denkm. S. 347 zu erinnern. Vergl. Wackernagel Litteraturgesch. S. 221.

Andererseits greifen die unstrophischen Reimpaare weit über ihr ursprüngliches Gebiet hinaus. Nicht bloss die satirische und didaktische Poesie, auch das Liebeslied darf sich im vierzehnten Jahrhundert dieser Form bedienen, wie man sich aus Lassbergs Liedersaal überzeugen kann.

Beide Ausschreitungen entbehren allerdings nicht ganz des Anhaltes in der älteren Litteratur.

---

[1] Man vergleiche die vielen Liebeslieder Ulrichs von Lichtenstein, welche als Tanzweisen bezeichnet sind: es ist die überwiegende Mehrzahl aller seiner lyrischen Gedichte. Sie werden nicht immer bloss von einem gesungen sein. Kann man zweifeln, dass z. B. S. 443 ein Duett ist? Der Mann führt in jeder Strophe nur einen Reim durch. Die weibliche Stimme bringt erst in ihrer zweiten Strophe die Reime zu ihrer ersten nach. Im Schlussgesätz lösen sich beide mit ihrer Reimmanier ab. Man ersieht zugleich aus 434, 14 ff. 442, 29, wie solche Duette aus höveschem Gespräch (Salongespräch würden wir sagen) entstanden.

Das Liebeslied in Reimpaaren geht von der Form des Liebesbriefes des Büchleins aus.

Der epischen Strophe bediente sich die Spielmannsdichtung des zwölften und nicht erst des zwölften Jahrhunderts, so wie die österreichische volksthümliche Epik, welche hierin auch auf die Österreicher Walther von der Vogelweide und Ulrich von Lichtenstein wirkte.

Walther formt in seinem *Dô der sumer komen was* 94, 11 eine Strophe, in welcher an drei Reimpaare von vier Hebungen stumpf und drei Hebungen klingend (nur dass stumpf und klingend nicht nach Belieben wechseln dürfen) ein Schluss von drei gleichen Reimen gefügt ist, wie er aus der geistlichen Poesie des zwölften Jahrhunderts (Rheinauer Paulus, Melker Bonus, Heinrichs von Melk Pfaffenleben) durch Wirnt von Grafenberg in die höfische Epik (einerseits die thüringische: Segremors, andererseits die österreichisch-steirische: Krone, Edolanz) eingeführt wurde.

Ulrich von Lichtenstein hat in seinen Memoiren die Reimpaare zu achtzeiligen Strophen verbunden und nach dem Beispiele der Nibelungenstrophe sich nur stumpfe Reime gestattet. (Vergl. auch das Tagelied Gunthers aus dem Forste.)

So viel über die Form der Spervogelschen Poesie und ihre Verzweigungen. Nicht minder fordert der Inhalt zu eingehender historischer Betrachtung auf.

Spielmannspoesie.   57)

Aus den Gedichten der Spervögel lernen wir zuerst, welche Stoffe neben den epischen (dem historischen Lied, dem Volksepos, dem speciell sogenannten Spielmannsgedicht und der Legende Denkm. Nr. 17. 37) von den fahrenden Spielleuten überhaupt behandelt wurden. Es ist daher der Mühe wert zu untersuchen, welche einzelnen Gattungen ihre Poesie in sich begreift. Schon S. 19 wurde gezeigt, dass beim Anonymus selbst die Überlieferung einige Unterscheidungen an die Hand gibt. Hier kommt es mir nur auf eine rasche Übersicht mit wenigen Nachweisungen an.

Zuerst vom *bispel*. Es umfasst Sprichwort, Gleichnis, Fabel, Parabel, Novelle. Über die innere Beziehung von Fabel und Sprichwort s. Wh. Grimm Freidank S. LXXVII ff., Gervinus II. 135. Wackernagel Zs. 6, 287. Als ein erzählendes Gedicht muss *bispel* aufgefasst werden in Lamprechts Alexander 2062 (1712), eine Stelle, auf welche schon Lachmann brieflich Wilhelm Grimm aufmerksam machte. Darius warnt den Alexander vor einem Einfall in Persien, er würde da ein solches *gestrûme* vernehmen, *dâ er (man?) immer vone mohte zellen in lide unde in bispellen.*

Die Thierfabel erscheint beim Anonymus in fünf Exemplaren, 27, 13—28, 12. Bl. 3ᵇ der Urhs.; unzweifelhaft unterschieden von der Menschenfabel, wenn ich so sagen darf, die erst in einer späteren Gruppe seiner Gedichte (IV. 2. Bl, 4ᵇ) auftritt. Eine Moral fehlt in der Regel. Nur in 27, 34 nimmt sie breiten Raum ein und wird Kerling in den Mund gelegt[1]): die Fabel selbst ist hier auf eine blosse Inhaltsangabe reducirt. Gleich darnach aber wird sie in einer besonderen Strophe erzählt, und die Umarbeitung in Lassbergs Liedersaal (MF. S. 240 [242²]) nimmt offenbar beide Strophen als Ganzes.

Höchst merkwürdig sind diese Umarbeitungen bei Lassberg. Nicht bloss als Zeugnisse des unmittelbaren Fortwirkens der Spervogelschen Poesie unter den Spielleuten. Die beiden Fabeln des Anonymus die sich im Liedersaal wiederfinden stehen mit der Umarbeitung eines Spruches von **58)** Spervogel zusammen, und zwar in der Ordnung: *a)* MF. 27, 20; *b)* 27, 54; *c)* 23, 21. Lassbergs Hs. von 1371 ist eine Sammelhandschrift: sie hat die drei Beispiele in ihrer Quelle ebenso auf einander folgend gefunden. Aber leicht möglich, dass darin zwischen *a* und *b* auch MF. 27, 27 bearbeitet war. Gleichviel, jedenfalls lag dem Bearbeiter eine Handschrift vor, worin wie in der oben S. 25 reconstruirten Urhs. Gedichte des Anonymus und Spervogels vereinigt waren. Und darin waren die Sprüche des Anonymus ebenso geordnet wie in unserer Überlieferung, aber die Spervogels gingen nicht voraus, sondern folgten der Chronologie gemäss nach.

Auf die Frage nach der Quelle, aus welcher der Anonymus etwa geschöpft haben könnte, lasse ich mich nicht ein. Die Vorstellung von dem Mönchthum des Wolfes 27, 27 findet sich schon in den ältesten Gedichten der Thiersage, in der Ecbasis und im Luparius (Grimm Reinh. S. CXCI). Auf dem ganzen Gebiete der Fabel und Thiersage muss man sich Wechselwirkung zwischen gelehrter lateinischer Klosterdichtung und volksthümlicher Spielmannspoesie denken. War doch auch Heinrich der Glichezare ein Fahrender und ist die überwiegende Menge deutscher Thierfabeln eine Erbschaft des Alterthums.

Die Vorbedingung der Fabel, den Thiermythus, besassen die Germanen vor der Völkerwanderung: vergl. Zeitschr. für die österr. Gymn. 1870, S. 48. Ob sie auch Thierfabeln besassen, wissen wir nicht; nur dass bereits im 7. Jahrhundert solche im fränkischen Volke umliefen, das Fredegars *rustica fabula dicitur* (Grimm Reinh. CXCIV; Müllenhoff Zs. 12, 409). Kein Zweifel, dass damit Prosaerzählung gemeint ist. Die Franken mochten dergleichen mündlich von den gallischen Provinzialen erhalten. Und was schriftliche Überlieferung betrifft, so hat Ausonius aus Bordeaux um 375 die prosaischen Apologe des Julius Titianus in Trimeter umgesetzt

---

[1]) Ich meine: **bloss die Moral ist Kerling** in den Mund gelegt, die Anführung also mit 28, 8 *widersaze* zu schliessen. Zu der citirten Äusserung Kerlings bringt der Dichter die Erinnerung an die Fabel als Parallele bei.

und die prosaische Sammlung vielleicht schon des sechsten Jahrhunderts, welche Roth PhiloL I. 523—546 nachwies, hat gewiss über Frankreich ihren Weg nach Weissenburg (Anonymus Weissenburgensis) und anderen deutschen Bildungsstätten genommen.

Seit wann ist die Thierfabel in der deutschen Dichtung nachweisbar? Die Sage von Theodo mit der Fabel vom Herzessen hat Fromund nicht aus *cantilenis priscis* (Grimm Reinh. S. L.) mitgetheilt. Auf diese [59] alten Gesänge beruft er sich dafür, dass die Noriker einst mit Alexander M. Krieg geführt. Die Geschichte aber die er erzählt ist ihm *unum quod in veteribus libris legitur*. Aber wenn die Erzählung in der Kaiserchronik zum Theil noch ursprünglicheren Charakter trägt als bei Fromund und andererseits gewisse Wandlungen erfahren hat, die sich bei schriftlicher Überlieferung schwer erklären würden (Zs. f. die österr. Gymn. 1870, S. 42), so müssen doch wohl Lieder mindestens im zehnten Jahrhundert davon gehandelt und also auch die äsopische Thierfabel eingeschaltet haben.

Nicht älter ist der Anfang des Beispiels von Hirsch und Hinde, Denkm. Nr. 6, bei dem es Müllenhoff zweifelhaft lässt, ob die Langzeilen durch Reim oder Allitteration gebunden waren. In Anbetracht des Zeitalters des Hs. (Ende des 10. oder Anfang des 11. Jahrh.) möchte ich für ersteres stimmen. Die darüber gesetzten Neumen bezeugen ausdrücklich gesungene Poesie.

Auffallend dass die deutsche geistliche Litteratur des 11. und 12. Jahrhunderts sich die Fabel entgehen liess. Es ist eine volksthümliche Gattung. Aber Stricker, seine Zeitgenossen und nächsten Vorgänger (Pfeiffer in Haupts Zeitsch. 7, 318—382) werden nicht die ersten gewesen sein, welche sie episch behandelten. Spruch und Erzählung sind gewiss schon früher unter den Spielleuten neben einander hergegangen. Ob die Ausdehnung des Epimythiums, ob Kürze oder Länge der Fabel zur Bestimmung des Alters verwendet werden können, ist mir noch zweifelhaft. Natürlich scheinen kürzere Fabeln wie Altd. W. III. Nr. 16. 17. 22. Pfeiffer a. O. Nr. 22. 23. 31. 32. Grimm Reinh. S. 346 von nur 8 bis 14 Zeilen durch ihre auf das Wesentlichste beschränkte Behandlung mit dem Spruche besonders nahe verwandt. Bei dem Spruche rührt diese Kürze davon her, dass er seinem Charakter als Gelegenheitsgedicht gemäss mehr zu bestimmtem Zwecke an die Fabel erinnern, ihren Grundriss beibringen, als dieselbe vortragen will. Gleich die ältesten Zeugnisse für Thierfabeln im deutschen Mund zeigen sie uns in solcher Anwendung (Zs. f. österr. Gymn. 1870, S. 47) [1]. Indes hat auch die epische Fabel ohne Zweifel vom 10. bis [60]

---

[1] Diesen Charakter der Fabel hat vortrefflich Herder Zerstr. Bl. 3 (1787) 146 hervorgehoben: Es war weder eine abstracte Wahrheit noch ein allgemeiner moralischer Satz, auf welche der Fabeldichter arbeitete, 'es war ein besonderer prak-

zum 13. Jahrhundert mit aller epischen Poesie den Weg von knappem, raschem, mehr andeutendem Ton zu einer gewissen Fülle und behaglichen Ausführlichkeit zurückgelegt.

Die Thierfabel im Spruch verfolgen wir vom Anonymus zu Reinmar von Zweter (201), Marner (HMS. 2, 244. 245. 249. Str. 50. 57. 68), Süsskind (HMS. 2, 260), Kanzler (HMS. 2, 398. Str. 70), Konrad von Würzburg (HMS. II. Str. 48. 49), Stolle (HMS. III. Str. 26. 37), Kelin (18), Frauenlob (Spr. 204 Ettm.), Heinrich von Mügeln (bei Müller 14 Nummern, dazu zwei Germ. 5, 286). Letzterer vielleicht mit dem Anonymus am nächsten zu vergleichen: beide sind darauf aus die Fabel als Gattung zu pflegen, die anderen greifen mehr zufällig und gelegentlich darnach.

Natürlich dass auch Freidank sich der Fabel bediente, entweder sie in knappster Form mittheilend oder darauf anspielend wie Walther 13, 26. Menschenfabel. Anstatt der Thiere treten Menschen auf. Menschliches Thun und menschliche Gesinnung werden vorbildlich genommen. So beim Anonymus 29, 20 und 30, 6: Fabeln die von den einfachsten Verrichtungen des Ackerbaues und der Obstzucht hergenommen sind. Auch solche finden sich natürlich bei Spruchdichtern, z. B. bei Reinmar 178. 179. 193, beim Goldener HMS. III. 51, bei Frauenlob Spr. 76. 77 Ettm., wie bei allen mittelalterlichen Dichtern epischer Fabeln (in Hahns Stricker z. B. Nr. 3. 6—8). In der Fabel vom gegessenen Herzen hat der Adelger der Kaiserchronik zum Theil Menschen an die Stelle der Thiere gesetzt.

Aber auch jede an sich interessante menschliche Begebenheit kann benutzt werden, um eine Lehre daraus zu ziehen. Insofern gehören auch Novelle, Märchen, Schwank hierher. Es ist bekannt, wie jedem Schwank bei Stricker die Moral folgt. Und noch im Aesop des Burkard Waldis z. B. fliessen Fabel, Schwank, Anekdote unterschiedslos zusammen. Ein episches Märchen vom menschenfressenden Riesen (Altd. W. 3, 178) bringt Konrad von Würzburg (Str. 100) in einen Spruch. Natürlich haben die Spielleute sich dieser Gattungen nicht erst bemächtigt, um sie lehrhaft zu 61) verwerten. Sondern die längst gepflegten Stoffe mussten um der lehrhafteren Richtung der Zeit willen ein didaktisches Schwänzchen erhalten. Auf die novellistische Behandlung der Geschichte Lucretiens in der Kaiserchronik will ich nicht zu viel Gewicht legen, sie könnte aus einer lateinischen, in Italien entstandenen Novelle geflossen sein. Aber auch sonst sind Anzeichen der Spielmannsnovelle vorhanden.

Wir besitzen eine Reihe lateinischer Novellen deutschen Ursprunges aus dem 10. und 11. Jahrhundert: Modus Liebinc, Modus Florum, Landfrid

---

tischer Satz, eine Erfahrungslehre für eine bestimmte Situation des Lebens, die er in einer ähnlichen Situation anschaulich und für den gegenwärtigen bestimmten Vorfall anwendbar machen wollte.'

und Kobbo, Heriger, Alfrad (die anderen erzählenden Stücke der Cambridger Hs. können kaum für Deutschland in Anpruch genommen werden). Solche Gedichte wurden von Spielleuten vornehmen Herren vorgesungen [1]. Nun hat schon Jacob Grimm mit Recht vermuthet (vgl. Denkm. S. 317), dass dem Schwank von Heriger ein deutsches Lied zum Grunde liege. Es fällt mir nicht ein, für die übrigen genannten Novellen und Schwänke dasselbe behaupten zu wollen. Aber im allgemeinen glaube ich doch, dass diese lateinische Spielmannspoesie ebenso ein Abbild der deutschen ist, wie der Waltharius dem deutschen Volksepos entlehnt wurde. Ja es lässt sich die Frage aufwerfen, ob nicht der Rudlieb (die willkürlich phantastische Ausbildung eines Stoffes der Heldensage) als der Vorfahr des Rother, Orendel, Laurin anzusehen und zu deutschen Liedern in dasselbe Verhältnis zu bringen ist wie der Waltharius.

Etwas anderes ist es, aus einer Erzählung einen moralischen Satz ziehen. Und etwas anderes ist es, eine Erzählung Zug für Zug umdeuten. Dieses Symbolische macht das Wesen der Parabel aus [2]. Nur sind die Gattungen schwer zu scheiden. Die Ecbasis ist eine Parabel, sie ist *per tropologiam* gedichtet. Aber jede beliebige Fabel kann ebenso verwendet werden, ich kann von Wolf und Lamm erzählen und ganz bestimmte Personen meinen. Beim Anonymus finden wir 29, 13 eine sichere Parabel: der Garten, in den der Dichter stieg, ist ein Herrenhof; das Obst sind Geld und Kleider und andere Gaben; das Schütteln des Astes sind seine vergeblichen Bitten oder zarten unverstandenen Andeutungen. Eine Parabel desselben Sinnes (vergleiche oben S. 8) beim Spervogel 23, 13. Eine zweite 23. 29. Aber was ist der Spruch 30, 20 des Anonymus? Ich habe ihn oben als Menschenfabel aufgeführt. Aber eigentlich ist es keine Erzählung, sondern auf eine Thatsache wird hingewiesen, auf etwas das zu geschehen pflegt, und dies offenbar im Sinne einer praktischen Lehre. Etwa

62)

---

[1] So berichtet Amarcius (über ihn s. Haupt Monatsber. 1854, S. 163; Büdinger Älteste Denkm. der Züricher Litt. 1866 S. 1—87, Anz. f. schweiz. Gesch. 1866. Nr. 1). Als Gegenstände des Vortrages des *iocator* nennt er:

> *straverit ut grandem pastoris funda Goliath,*
> *ut simili argutus uxorem Suevulus orte*
> *luserit, utque sagax nudaverit octo tenores*
> *cantus Pythagoras, et quam mera vox Philomenae.*

Das erste Gedicht von David und Goliath scheint verloren, das zweite hat Haupt als den Modus Liebine erkannt. Das dritte ist Nr. 24 oder 25 bei Jaffé Cambr. Lieder, oder ein ähnliches. Das vierte findet sich bei Jaffé Nr. 27 (Duméril Poésies pop. lat. p. 278).

[2] 'Parabel ist eine Gleichnisrede, eine Erzählung aus dem gemeinen Leben mehr zu Einkleidung und Verhüllung einer Lehre, als zu ihrer Enthüllung, sie hat also etwas Emblematisches in sich.' Herder Zerstr. Bl. 6, 87. Hegel würde freilich MF. 29, 13 nicht eine Parabel, sondern ein 'Bild' nennen nach Ästhetik 1, 525.

sollte ein Gönner des Dichters dadurch aufgefordert werden, sein Gesinde von demoralisirenden Elementen zu reinigen. Derselbe Stoff, etwas anders gewendet, findet sich beim Guter HMS. 3, 42: dort wird nur eine Lehre daran geknüpft, die wir etwa durch das Sprichwort 'böse Beispiele verderben gute Sitten' ausdrücken würden.

Blosse Deutung von wirklichen oder vermeinten Thatsachen bieten auch die zahlreichen Sprüche, in denen die bekannten Physiologi als Quellen benützt sind. Auch in der Form von Träumen oder an erfundene Symbole geknüpft kann dergleichen vorkommen.

Eine wirkliche Parabel des 12. Jahrhunderts mit geistlicher Deutung ist die Millstädter 'Hochzeit'. Von den unter Strickers Namen gehenden erwähne ich bei Hahn Str. 9. 13, in Wackernagels Lesebuch von 1847 Nr. 5 (Sp. 567 f.), in Docens Miscell. 1, 51. 2, 211: alle geistlich. Andere dergleichen bei Wernher von Elmendorf 153 ff. in der Warnung 2707 ff. im Liedersaal 1, 253 usw. Dagegen enthält die Parabel in Spruchform Walth. 106, 24 einen Rath an den König.

Keim der Parabel ist der Vergleich — um nicht zu sagen: das Gleichniss, weil wir auch Parabeln, namentlich die biblischen des neuen Testamentes, so zu bezeichnen pflegen. Hierher gehört Anonymus 29, 27; Stricker bei Hahn Str. 1. 2; Frauenlob 192. 203. Das Alter der Gattung belegt z. B. Hâva mâl Str. 90 Bugge.

63)   Der Parabel mag sich als ebenfalls auf Deutung berechnet das Räthsel anschliessen. Vergl. über dessen Verwandtschaft mit dem Epigramm Gervinus 2, 312: über andere Berührungen Wackernagel Zs. 3, 25; zur Litteratur Plötz Wartburgkrieg S. 31; Friedreich Geschichte des Räthsels (Dresden 1860); Gödeke Grundriss S. 89. Der Anonymus, Spervogel und ihre nächsten Verwandten haben es nicht gepflegt. Man weiss aber, dass es zu den ältesten Gattungen germanischer Volkspoesie gehört (s. Müllenhoff Schleswigholst. Sagen S. XII; Zeitschr. f. Myth. 3, 1—20; Denkm. S. 273 f. [287²]) und A. Kuhn hat versprochen dasselbe als altarisch nachzuweisen (Kuhns Zeitschr. 13, 49). Räthsel der Minne- und Meistersinger stellt Mone zusammen Anz. 1838 Sp. 372 ff. Wackernagel meint (Zs. 3, 25), die ältere deutsche Poesie zeige sich ganz durchdrungen von einem Zuge nach räthselhafter Anschauung und Rede: in zwei Gedichten haben wir 'augenfällige Ausläufer jenes Zuges, im Traugemundsliede den volksmässigen, im Kriege auf der Wartburg den gelehrt-meistersängerischen.' Vergl. Wackernagels Litteraturgesch. S. 269 f. und Gervinus 2, 27. Der Verfasser des Traugemundsliedes ist für uns hier die wichtigste Person als ein Geselle der Spervögel: das Räthsel ist dialogische Poesie, kein Wunder dass es in diesem Liede dramatische Gestalt annimmt wie in den Vafthrûdnis mâl und auf das Volksdrama Einfluss gewinnt (Gödeke Grundriss S. 95).

Aus der epischen Poesie gehört Strickers Amis hierher und vielleicht der Tirol und Fridebrant, worin Räthselaufgaben vorgekommen sein müssen, wenn es anders erlaubt ist, die Citate des starken Boppe auf das erzählende Gedicht zu beziehen. Es würde sich dann auch erklären, wie das volksthümliche Lehrgedicht gleiches Namens zu seiner Einkleidung kam. Dasselbe zerfällt in drei Theile, Str. 1—13. 14—24. 25—45. Im dritten 'räth König Tirol seinem Sohn Fridebrant *die werltlichen lêre.*' Die beiden ersten mit ihren zwei Räthseln machen die Verwandtschaft von Parabel und Räthsel recht anschaulich: das erste wird Str. 13 ein *bîspel* genannt. Über das Räthsel bei Freidank Wh. Grimm erste Ausg. S. CXXII.

Über die Priamel will ich nicht ausführlich sein. Bergmanns La priamèle (in der Revue d'Alsace, 1868) kenne ich nur aus der Anzeige von Gaston Paris Revue critique 1868 Nr. 39 (26. Sept.). Bergmann sucht ihre Spuren in Indien, bei den Hebräern, Arabern, Griechen, Römern und in den neueren europäischen Litteraturen. Vergl. Herder Zerstr. Blätter 5, 241: 64) 'In den Sprüchen Salomons und im Sirach ist schon der Keim der Priameln da, woher ihre Form auch genommen scheint.' Aber die Priamel als poetische Gattung ist der germanischen Poesie eigenthümlich, und nur die Form der Häufung im Sprichwort und der Gnome lässt sich auch sonst nachweisen. In den germanischen Litteraturen selbst hat daher die Priamel eine losere und eine strengere Form. Beide finden sich schon in den Hâva mâl und bei Spervogel. Über sonstiges Vorkommen vergl. Wh. Grimm Freidank S. CXXII: die von ihm citirte Strophe Reinmars des alten gehört diesem aber nicht, s. MF. S. 308. Unter den Spruchdichtern können am ehesten noch Gast und Boppe, weniger der Kanzler oder Marner, neben Spervogel genannt werden; aber auch Frauenlob (Spr. 402 Ettm., vergl auch 54) mit einer ganz strenggebauten Priamel. Sonst vergl. die bekannten Sammlungen von Eschenburg, Weckherlin, Leyser, Keller (Alte gute Schwänke und Fastnachtspiele Bd. 3) Pfeiffers Germania 3, 368. 5, 44. Ausserdem Uhlands Schriften 2, 524; Wackernagel Litt. S. 429; Gödeke S. 89. 95. 98.

Die eigenthümlichste Gestalt der Priamel hat es auf Überraschung des Hörers und auf eine komische Wirkung abgesehen. Zu gleichem Zwecke bedient sich das Lügenmärchen (Wh. Grimm Kinderm. 3, 408; Wackernagel Litt. S. 219) gerne der Figur der Häufung. Auch dies eine alte Gattung (Denkm. Nr. 20) und im dreizehnten Jahrhundert durch fahrende Spruchdichter gepflegt: durch Reinmar (161. 162), dessen Lügenlieder Marner (38) nur eine Erneuerung alter Erfindungen nennt, und durch Marner selbst (55).

Über das Alter des Sprichwortes wäre es überflüssig sich auszulassen. Aber die Häufung desselben, die Aneinanderreihung mehrerer Sprüche erfordert eine Bemerkung.

Wir haben gesehen, wie die jüngeren oben betrachteten Gedichte (S. 37) unmerklich in die Weise Freidanks — auch ein Fahrender,

aber kein Lyriker — übergehen. Zum Theil mag noch persönlicher
Bezug solchen Reihen ihre Einheit geben, zum Theil aber hält sie nur
sachliche Verwandtschaft zusammen, wie ja auch Freidank sie nicht bunt
und regellos unter einander gewürfelt hat. Von den späteren Lyrikern reiht
sich an Spervogel und Freidank im Grunde nur der vielseitige Marner an,
HMS. II. 251 (Str. 74. 75) III. 452ᵃ. Und die Gedichte des vierzehnten
65) Jahrhunderts bei Lassberg, 'die einzelne Sprichwörter ohne inneren Zusammenhang neben einander stellen' (Wh. Grimm über Freidank S. 18,
vergl. Freidank 2. Ausg. S. V zu Hs. G: 'auf Bl. 33—35 noch allerlei
Sprüche, darunter auch einige aus dem Freidank') — was aber doch nicht
so unbedingt richtig ist, vergl. Lieders III. Nr. 177. 184—186. 199. 238.
243. 248 — stehen ziemlich in einer Reihe mit den vielen aus Freidank
herausgerissenen Stücken derselben Handschrift (P). Solche finden sich schon
in den Carmina Burana p. 107 (1') und sonst häufig, vergl. Wh. Grimms
Vorrede zur zweiten Ausgabe des Freidank unter den Hss. E (der Freidank
zerstückt, doch ohne dass etwas fehlte) KXZd. Freidank ist fast ein
Gattungsname für diese Art von Poesie geworden.

Soll man nun mit Wackernagel Litt. S. 280 die Sprüche Salomonis,
Catos Disticha und andere Spruchsammlungen in lateinischer Sprache unter
die Vorbilder der 'Bescheidenheit' rechnen? Ich denke, für das Werk des
Frydankus ragus thun wir besser, von allen fremden Mustern abzusehen
und selbst was die höfische Poesie ähnliches bietet (Lachmann oben Seite
30) weniger anzuschlagen, als die verwandten Leistungen seines Standesgenossen Spervogel. Kann nicht auch Wolfram, der die Poesie der Fahrenden
so wohl kannte, von daher veranlasst worden sein, den Parzival mit zu-
sammengereihten Sprüchen anzufangen? Und durch Wolfram wieder
Gottfried? Wie alt aber war diese Gattung bei den Spielleuten?

Ich möchte an hohes Alterthum glauben. Die Priamel beruht auf der
Häufung von Sprüchen: ihre losere Form ist von der Spruchreihe nicht
zu trennen. Besonders wenn die einzelnen Sätze sehr kurz sind, Schlag auf
Schlag einander folgen und vielleicht mehrfach ein Satzglied gemeinschaftlich
haben, wie die gnomischen Verse des Exoniensis und Cottonianus (Grein Bibl.
Bd. 2). Der älteste Ausläufer der Gattung, von welcher die 'Bescheidenheit'
das bekannteste Exemplar ist, sind die altnordischen 'Sprüche des Hohen'
in ihrem ersten Theil. Es waltet in solchen Spruchsammlungen derselbe
Drang, der sich auf einem anderen Gebiete in der katalogisirenden Poesie
des ags. Wandererliedes zeigt. Man will Zerstreutes, Vereinzeltes in einem
orientirenden Ganzen überschauen.

Verwandt und ebenfalls uralt ist die Einkleidung der Spruchreihen
in die Form eines Rathes (vergl. Wh. Grimm Thierfabeln bei den Meister-
66) sängern S. 17 ff.). So sind die Loddfafnismâl ein Rath Odins an seinen
Schützling Loddfafnir. Der Exoniensis enthält (Grein 2, 347) Lehren eines
Vaters an seinen Sohn mit epischem Eingang, der sich wiederholt mit einer

Zählung der Räthe. Aus der deutschen Poesie erwähne ich den Faustinianus der Kaiserchronik 43, 22 ff. 51, 15 ff. Diem., den dritten Theil von Tirol und Fridebrant und den Winsbeken (vergl. wie bei Wirnt 293, 14 Gawein seinen Sohn Wigalois über die Ritterpflichten belehrt). Beiden letzteren ist die Auspielung auf Wolframs Parzival gemein, und die Strophe des Winsbeken muss man wohl als eine Fortbildung der Tirolstrophe ansehen[1]. Die Form der Lehre an einen jungen Mann, aber mit einheitlichem Thema, auch bei Walther 22, 32. 91, 17.

Wir kommen zur eigentlichen Gnome, dem Denkspruch. Die Überlieferung des Anonymus sondert den mehr weltlichen und allgemein moralischen wie 29, 34 vom streng geistlichen und kirchlichen wie 28, 34. Mit Recht, wie mir scheint: ersterer ist alt und national, dieser ohne Zweifel erst aus der geistlichen Poesie des eilften und zwölften Jahrhunderts übernommen. Zur Vergleichung mit beiden Arten ist zunächst Denkm. Nr. 49 herbeizuziehen.

An die geistliche Lebensregel reiht sich die kirchliche Lehre überhaupt und das Gebet, sowie die Sündenklage. Davon war schon oben S. 7. 40 f. die Rede. Sogar geistliche Lieder für das Volk traten im dreizehnten Jahrhundert hinzu.

Die weltliche Lebensregel zieht, wie wir sahen (S. 45) auch die Liebe in ihr Bereich, und durch individuelle Anwendung der allgemeinen Sentenz geht sie ins Liebeslied selbst über.

Hiermit stehen wir auf dem persönlichen Gebiet, auf dem Boden der persönlichen Interessen, die sich unmittelbar aussprechen. Klagen über individuelles Missgeschick und verfehltes bedrängtes Leben beim Anonymus, bei Spervogel, Walther und manchen anderen; Loblieder, Trauerlieder, Spottlieder (ältestes Denkm. Nr. 28): es kommt nicht sehr viel darauf an, [67] wann dergleichen sich zuerst belegen lässt. Schon die Chorpoesie kannte z. B. Lobeshymnen, vergl. Liliencron Hist. Volksl. Bd. 1, S. XXII.

Dagegen ist allerdings wichtig, dass beim Anonymus, Spervogel und ihren nächsten Verwandten das Lied, das sich auf öffentliche Zustände bezieht, ganz fehlt. Spervogels Trostlied 20, 25 kommt hier nicht in Betracht. Die Satire auf allgemeine Gebrechen der Zeit tritt auch nicht stark hervor. Und vollends vom politischen Lied keine Spur.

---

[1] Die Tirolstrophe ist die sechszeilige Schwester der Morolstrophe, also durchweg stumpf gereimt mit einer (ursprünglich gewiss meist klingenden) Waise vor der letzten Zeile. Der Winsbeke hält sich an die Grundsätze des dreitheiligen Baues: in den vier ersten Versen muss die Reimfolge aabb der Ordnung abab weichen, um die Stollen zu ergeben, und das dritte Reimpaar wird sammt der Waise verdoppelt: die erste Hälfte des Doppelpaars erhält, um Stollen und Abgesang zu binden, den Reim bb; die zweite Hälfte behält cc. Alle Reime aber stumpf und ebenso die Waisen.

Politische Lieder mehr persönlichen Charakters mag es immerhin gegeben haben. Mancher Spielmann wird seinem Gönner die Dienste eines Leibjournalisten zum Angriff auf politische Gegner geleistet haben (vergl. oben S. 9).

Aber das leidenschaftliche Gefühl für Wohl und Wehe der Nation und des Reiches, die dichterische Betheiligung an der hohen Politik lag diesen Leuten niederer Abkunft gewiss fern.

Das hat erst Walther von der Vogelweide in die deutsche Poesie gebracht und nur die leichtsinnigen fahrenden Kleriker des zwölften Jahrhunderts waren ihm in gewisser Richtung vorangegangen. Geistliche und Adel sind eben der herrschende Stand, der politische Stand des Mittelalters: die öffentlichen Angelegenheiten sind ihre eigenen Angelegenheiten.

Es ist als ob dieser grosse Dichter seine Nachfolger unter den fahrenden Spruchdichtern aus ihrer engen Sphäre zu sich heraufgehoben, ihnen einen Hauch seines Geistes eingeblasen hätte.

Die politischen Dichtungen des dreizehnten Jahrhunderts würden eine eigene Abhandlung erfordern. Sie sind eine Art Barometer des patriotischen Nationalgefühles der Deutschen. Der streng bürgerliche Charakter der Poesie, der nun eintritt, weiss in seiner particularistischen und egoistischen Verkommenheit davon eben so wenig, wie von dem alten schwärmerischen Frauendienst.

Dieser bürgerliche Charakter liegt aber in Spervogel und seinen Verwandten vollkommen ausgebildet vor.

So erscheint die politische Poesie Walthers von der Vogelweide wie eine kurze Episode. Doch ist dies nur Schein. Schon vor ihm geht ganz allgemein das Interesse der Kunstpoesie mit dem der Reichseinheit und des Kaiserthums Hand in Hand.

68) Aber die Producte der Kunstpoesie erheben sich in jener ganzen Epoche nur wie einzelne Kirchthurmspitzen über ein unendliches Häusermeer. Dieses Häusermeer ist für uns grossentheils freilich von Nebel verhüllt: aber es war nichtsdestoweniger vorhanden, eine reiche unaufhörlich gepflegte Volkspoesie, deren Träger die Spielleute.

Überblicken wir nun die geschichtliche Abfolge der Gattungen, die sie pflegte, indem wir nur von der eigentlichen Chorpoesie und dem Liede des rein persönlichen Interesses absehen. Diese haben ihre Geschichte für sich und erfordern besondere Gesichtspunkte.

Sprichwort und Gnome (einzeln und in Reihen), ferner Räthsel und Priamel sind uralt. Elemente des Lehrhaften, des Sinnreichen und des Komischen waren damit gegeben.

Dazu tritt mit der Völkerwanderung die Heldensage, das Nationalepos: das moralische Ideal der Germanen gewinnt menschliche Ausprägung in der Poesie.

Die nun beginnende geistige Berührung mit der antiken Welt eröffnet vermuthlich der Fabel den Eintritt. Ob schon in die Spielmannsdichtung, bleibt zweifelhaft. Nachweisbar dies erst seit dem zehnten Jahrhundert. Dieses erste goldene Zeitalter des deutschen Particularismus (Ende des 9., Anfang des 10. Jahrh.) bringt uns auch, wenn ich nicht irre, die Novelle, den Schwank, die phantastische und willkürliche Epik. Die Unterhaltungslitteratur ohne sittliches Ideal erhält dadurch eine grosse Verstärkung. Auch die Legende (Georgslied, Judith) wird wohl nur in diesem Sinne, als merkwürdige Begebenheit, unter die Spielmannsstoffe aufgenommen. Und das historische Lied erscheint novellistisch abgerundet[1].

Inzwischen hatte sich die geistliche Litteratur in deutscher Sprache mächtig erhoben. Sie wirkte auf die Spielmannsdichtung ein. Ihren phantastischen Erfindungen mischte sich ein religiöser Zug bei. Der Anonymus, den wir kennen, nimmt sogar — der erste vielleicht — directe geistliche Lehre auf. Das Räthsel, die Gnome werden religiös. Und wie die geistliche Poesie nicht bloss religiös, sondern auch im Anschluss an die spätlateinische Dichtung auf Mittheilung anderweitiger, geographischer (Merigarto), historischer (Kaiserchronik u. a.), astronomischer (Priester Arnolt), astrologischer ('In welchem Zeichen man Freundo kiesen soll' Zs. 8, 542), naturhistorischer (so weit die Physiologi dergl. enthielten) Kenntnisse bedacht war: so zog auch die Spielmannsdichtung des dreizehnten Jahrhunderts solche Stoffe in ihren Bereich. Treffend sagt Wh. Grimm Freidank S. CXVIII von den Nachfolgern Walthers von der Vogelweide, dass sie 'mit allzugrossem, schon.. bei Walther beginnendem Haften an der Wirklichkeit der Poesie die Flügel binden und sie auf einen Weg nöthigen wollen, den sie ungerne wandelt.' Ein Zug nach Ausbreitung des Wissens beherrscht die Zeit (vergl. Lorenz Geschichtsquellen S. 2). Die Poesie wird eine Dienerin der Prosa (vergl. Gervinus 2, 93 ff.).

Je mehr diese Richtung um sich greift, desto mehr weicht die Heldensage zurück und wird auf das Niveau der blossen Unterhaltungslitteratur herabgedrückt.

Wissenschaft, Moral, Unterhaltung werden die oberen Mächte unserer geistigen Production. Die Wissenschaft in ihrem populären Theil dient nur der Curiositätenwuth und dem Aberglauben. Die Moral hat es lediglich auf die Privatsittlichkeit abgesehen, auf die Respectabilität. Die Unterhaltung sucht das Rohe, Gemeine, Lüsterne oder scheut davor wenigstens nicht zurück.

Was bleibt also? Kirche und Carneval. Es sind die regierenden Minister des Particularismus. Und bei ihnen ruht die Gewalt über das

---

[1] Über die allgemeinen Voraussetzungen der Novelle s. Erdmannsdörffer, Preuss. Jahrb. 1870, I. S. 121 ff.

Volk bis im achtzehnten Jahrhundert mit einer neuen Staatsgesinnung und neuem nationalem Selbstgefühl sich wieder eine ideale und zugleich volksthümliche Kunst emporhebt.

Schluss.

Von dem vorstehenden leicht umrissenen Gesammtbild der Spielmanns-dichtung müssten sich die Individualitäten der Dichter, die uns hier näher beschäftigten, nun erst ganz scharf und hell abheben.

Ich komme nicht auf sie zurück. Jeder Leser, dem der erste und dritte Abschnitt dieses Aufsatzes noch gegenwärtig sind, wird sich bald sagen können, welche Züge des allgemeinen Gattungscharakters sich in den einzelnen Persönlichkeiten zusammenfinden.

Ob ich zu viel gethan habe in Herbeiziehung allgemeiner Momente? Mir kommt es vor, als ob ich im Gegentheil darin nicht weit genug gegangen wäre.

70)   Jede Individualität ist nur zu begreifen — wenn ich den Vergleich gebrauchen darf — als ein Durchschnittspunkt unzähliger Linien. Und jede solche Linie deutet eine allgemeinere geistige Richtung an, welche der Einzelne mit wenigen oder vielen anderen theilt. Diese Richtungen darf man als die Elemente ansehen, welche ihn constituiren.

Kann man die Auflösung in die Elemente je zu weit treiben? Kann sie überhaupt je vollständig gelingen?

Nächst der Auffassung der Individualität eröffnet sich aber hier der Ausblick noch auf Probleme einer höheren Ordnung.

Die Dichtungsgattungen, welche die deutsche bürgerliche Litteratur vorzugsweise pflegt, sind ihr zum geringsten Theil eigenthümlich. Die Nothwendigkeit einer Naturgeschichte der poetischen Gattungen bewährt sich auch hier. Dabei würde es sich unter anderem um die Frage handeln: wo ist eine bestimmte Gattung gepflegt worden? wie lange? wie intensiv? wie hat sie sich zu der Gesammtheit der litterarischen Production eines gewissen Volkes verhalten? Mit welchen anderen Gattungen findet sie sich am liebsten zusammen? Und welches waren die Bedingungen ihres Gedeihens? usw. Es ist mir nicht darum zu thun, alle einschlägigen Fragen aufzuwerfen. Es sind ungefähr dieselben, mit denen sich die Pflanzen- und Thiergeographie beschäftigt.

Bekannt ist z. B. dass manche Gattungen, die wir in unserer Unter-suchung als nahe Verwandte trafen, auch anderwärts Hand in Hand gehen. Der Gesammtbegriff des *bîspels* entspringt aus der analogen Behandlung solcher verschwisterter Gattungen. Damit vergleicht sich ganz nahe die mittelniederländische *sproke*: wie überhaupt die mnl. Poesie den Charakter

der bürgerlichen Litteratur in seltener Reinheit darstellt. Wie weit aber
findet er sich anderwärts? Und ist er überall einigermassen social gebunden?
Worauf beruht dann diese Gebundenheit? Und worauf beruht z. B. die
rasche Acclimatisation der indischen Märchen und Fabeln?

Man könnte auf manche dieser Fragen rasch mit einer Antwort
zur Hand sein. Aber warum soll man sich auf Vermuthungen und ungenaue, ungefähre Formulirungen einlassen, wo eine exacte Untersuchung
möglich ist?

Ich möchte noch eine andere Analogie aus dem Verfahren der Natur-
wissenschaften entnehmen, auf welche ebenfalls die Betrachtungen über die
Spielmannspoesie hinlenken. ·

Die exacten Wissenschaften sind nur in dem Masse fortgeschritten, 71)
sagt A. v. Humboldt (Kl. Schriften Bd. 1, S. 400), als man endlich ange-
fangen die Naturerscheinungen in ihrer Gesammtheit zu betrachten; und
so allmälich aufgehört hat: hier den culminirenden Punkten, die vereinzelt
eine Linie hoher Gipfel bilden, dort den Temperaturextremen, welche das
Thermometer einige Tage im Jahre erreicht, eine grosse Wichtigkeit beizu-
legen.' Immer war man bis auf Alexander von Humboldt vorzugsweise mit
den Gebirgen, nicht mit Hochländern und Tiefländern beschäftigt. ·

Überschlägt man in seiner Phantasie die ganze Entwickelung einer
bestimmten Litteratur, so wird sie sich leicht als ein Bild darstellen, das
mit den senkrechten Durchschnitten ganzer Länder wie sie die Geographie
handhabt einige Ähnlichkeit zeigen dürfte. Da sieht man ganze Epochen
als Tiefländer, andere als Hochländer und über ihnen die Gebirge mit
ragenden Gipfeln.

Man kann der Litteraturgeschichte im Allgemeinen nicht den Vorwurf machen, dass sie die Tiefländer vernachlässigt habe. Indes, nur wo
culminirende Punkte nicht vorhanden sind, lässt sie sich auch gerne zu
den geringeren Geistern herab.

Aber zu allen Zeiten gibt es Schichten der geistigen Bildung, und
um die unterste Schicht kümmert man sich viel zu wenig. Ich gestehe,
es ist mir immer als ein grosser Mangel erschienen, dass uns so ziemlich
jede authentische Auskunft über die litterarische Nahrung der unteren
Stände fehlt. In gesunkenen Epochen sind das gerade die herrschenden
Mächte der gesammten Litteratur. Und die niedrigen Gattungen breiten
sich wie eine unendliche gleichmässige Tiefebene aus, von der sich nur
hier und da vielleicht einzelne Hügelgruppen abheben.

So erscheint mir die deutsche Poesie vom Ende des dreizehnten bis
in die Mitte des achtzehnten Jahrhunderts. Noch Gellert und Rabener
sind Nachfolger der Spervögel und Strickers. Und das 'moralisirende
Zöpfchen' war unsern Dichtern noch lange nicht abgeschnitten.

Es ist ein besonderer Glücksfall, dass uns die Gedichte Spervogels
und seines Vorgängers erhalten sind. Stricker, Freidank, Reinmar von
Zweter, Marner usw. stellen den Charakter ihrer Gattung nicht rein genug
dar. Die Kräfte, denen Hartmann, Wolfram, Gottfried, Walther ihre Erhebung
verdanken, rissen auch den fahrenden Spielmann empor.

72) Der Anonymus und Spervogel liegen dieser Erhebuugsperiode voraus.
Und auf ihr Niveau sinken die späteren Dichter wieder hinab.

Dürfen wir jene genannten als das erste Lebenszeichen, gleichsam
als Vorboten, der langen bürgerlichen Epoche ansehen?

Nur für den geistlichen Zug ihrer Poesie kann das zugegeben werden.
Sonst aber haben vielleicht die obigen Betrachtungen genügt, um eine
andere Auffassung wahrscheinlich zu machen. Spervogel und seine Verwandten stehen nebst den Verfassern des Rother, Morolt, Orendel, Os-
wald usw. wie Endmoränen eines ehemals vorhandenen, für uns aber ver-
schwundenen Gletschers da, der in ähnlicher Zusammensetzung mindestens
vom Ende des neunten bis ans Ende des zwölften Jahrhunderts gedauert
hatte, dann auf kurze Zeit zurückwich, bis er fünf Jahrhunderte lang abermals und nun viel weiter sich ausbreitete, so dass — wenn der Ausdruck
erlaubt ist — eine allgemeine Vergletscherung unserer Poesie eintrat.

Wodurch wurde das Zurückweichen im zwölften und wieder im achtzehnten Jahrhundert bewirkt? Oder, um mein früheres Bild wieder aufzunehmen, welches sind die Hebungskräfte, durch welche die Blüteepochen
unserer Poesie, durch welche unsere grossen Dichter hervorgetrieben wurden
aus dem Tieflande?

Die Frage würde eine besondere Untersuchung verlangen. Das Vorurtheil ist sehr verbreitet, dass die deutsche Litteratur des achtzehnten
Jahrhunderts sich wesentlich von allen modernen europäischen Litteraturen
dadurch unterscheide, dass sie nicht mit einem Aufstreben des nationalen
Selbstgefühls zusammen falle. Ich glaube, es lässt sich das Gegentheil
beweisen. Doch hiervon jetzt nichts.

                                N a c h t r a g.

Zu S. 5. Die S. 35 angeführten Strophen, Denkm. Nr. 49, 3 und
die von Keinz publicirte, lassen sich vielleicht für die Vorgeschichte
des zweiten Tons verwerten. Jene stellt sich als sechszeilige Strophe
dar, bestehend aus zwei stumpfen Reimpaaren von vier Hebungen und
einem klingenden Reimpaare von drei Hebungen. Diese zeigt dieselbe
Form mit Verlängerung der letzten Zeile auf fünf Hebungen. Dazu
brauchte nur noch die Waise hinzuzutreten, und der zweite Spervogelton war fertig.

Zu S. 50. Was das Fortleben Spervogels betrifft, so macht mich Haupt auf das folgende Zeugnis der Zimmerischen Chronik 4, 414 aufmerksam: *darumb hat der maister Spervogel, der vor etlich hundert jaren gelept und zu selbiger zeit nit fur den klainfuegsten deutschen poeten ist grachtet worden, nit unzeitlich ain reimen oder gedicht hinder ime verlassen, wie hernach volgt.*

Wer den wolf zu aim hirten annimpt,
der mag sein wol gewinnen schaden;
ein weiser man soll seine schiff nit uberladen.
was ich euch sag das ist war:
wer sim weib volgt durch das jar
und ir reiche klaider uber rechte mass thut kaufen,
da mag ain hoffart von geschehen,
das sie im wol mag ain stiefkind taufen.

Die Lesearten stimmen zur Hs. *C.* MF. 23, 21 S. 235 [236¹].

DEUTSCHE STUDIEN.

VON

WILHELM SCHERER.

II.

DIE ANFÄNGE DES MINNESANGES.

Namenlose Lieder.

Indem ich die älteste deutsche Liebeslyrik im Anschluss an Lachmanns und Haupts ‚Minnesangs Frühling' einer näheren Betrachtung unterwerfe, beginne ich mit den namenlosen Liedern. Ueber diese kann ich nicht sprechen, ohne zum Theil die Erörterungen der folgenden Paragraphen vorauszusetzen. Ich darf den Leser wohl bitten, hierauf einige Rücksicht zu nehmen und auch den Aufsatz über den Kürenberger in der Zeitschrift 17, 561—581 zu vergleichen.

Die ältesten namenlosen Liebeslieder, die wir besitzen, sind, glaube ich, die beiden Strophen MF. 37, 4 und MF. 37, 18. Sie müssen hinter einander auf einem Blatte gestanden haben, das in der Quelle von *C* in das erste Liederbuch Dietmars von Aist eingelegt wurde; s. § 7.

37, 4. *Ez stuont ein frouwe alleine.*

Vierzehnzeilige Strophe in Reimpaaren, jede Zeile zu vier Hebungen, nur die letzte auf 5 verlängert. Lachmann hat die zweisilbigen Auftacte Z. 11 *einen*, Z. 13 *ich er | kôs mir selbe einen man*, Z. 14 *den er | welten minin ougen* hinweggeschafft, ich zweifle, ob mit Recht. — Die Frau blickt über die Heide aus nach dem Geliebten. Sie leidet durch den Neid anderer Frauen, sie ist im Besitze des theuren Mannes bedroht. Ist das Lied von ihr selbst oder ist es ihr bloss in den Mund gelegt und rührt es von einem [2] männlichen Dichter her? Der epische Eingang scheint dem letzteren mehr gemäss Und vielleicht auch die Art, wie der Falke hier verwendet wird. Der Falke ist das Bild des streitbaren Mannes. ‚Ich habe heute Falken ausfliegen sehen', sagt ein Bote bei Arnold von Lübeck 2, 18. Und es ergibt sich gleich, dass zwanzig adelige Jünglinge damit gemeint sind. Der ritterliche Geliebte wird daher oft mit dem Falken verglichen, wie bekannt: vergl. Vollmüller Kürenberg (Stuttgart 1874) S. 17 ff. Er ist ein gezähmter Falke, so lange er treu bleibt. Aber auch umgekehrt für die Geliebte wird der Vergleich gebraucht. *wîp unde vederspil die werdent lîhte zam*, singt ein Übermüthiger MF, 10, 17. Und der Troubadour Guiraut von Borneilh hat einen Traum von einem wilden Sperber, der sich auf seine Faust setzte und abgerichtet schien, erst scheu, dann anschmiegsam und zutraulich — und der Traum wird ihm auf eine hohe Freundin gedeutet, die er gewinnen würde (Diez Leben der Troubadours S. 136).

Der Falke im Munde der Frau also ist der Geliebte. Der Falke im Munde des Mannes ist die Geliebte. Hier aber, in dem vorliegenden Gedichte, steht er als Symbol der Freiheit und die Frau vergleicht sich selbst mit ihm: der Falke fliegt dahin wo es ihm gefällt, er wählt sich den Baum, der ihm gut dünkt: so hat sie sich den Geliebten erkoren. Ich weiss nicht, ob ich meinem Gefühle trauen darf, aber der Vergleich scheint mir etwas Unweibliches zu haben. Ich traue ihn eher einem Manne zu, der Frauenempfindung zu schildern sucht, als einer Frau, die ihren eigenen Gefühlsgehalt in Verse fasst. Ich finde auch sonst nichts in dem Gedichte, was ich nicht einem Manne beimessen könnte. Die geheimnisvollen Offenbarungen zarten Seelenlebens, welche uns in den kürnbergischen Frauenstrophen geboten werden, geben uns den Massstab für dieses Gedicht. Es wäre darnach das älteste seiner Gattung, das älteste von einem Manne im Sinn und im Namen der Frau gedichtete. Das Motiv kehrt bei Meinloh MF. 13, 27 wieder.

Sollte nicht Reinmar durch die Strophe zu seinem Gedichte MF. 156, 10 angeregt sein? Der Vergleich mit dem Falken kehrt wieder. Dort ist der hohe Flug Zeichen der Freude. Die bei Reinmar so seltene Ein-
3) strophigkeit ist bedeutsam, und vollends die Art des gebrauchten Tones gemahnt an das Vorbild: 16 Reimzeilen, paarweise gebunden, vier Hebungen stumpf oder drei Hebungen klingend, allerdings nach dem System des dreitheiligen Baues regelmässig geordnet, der Abgesang in folgender Weise gestaltet:

4 Heb. stumpf a.
3 Heb. klingend Waise. 4 Heb. stumpf a.
3 Heb. klingend b.
4 Heb. stumpf Waise. 3 Heb. klingend b.

Die natürliche Entsprechung: stumpfer Reim, klingende Waise; klingender Reim, stumpfe Waise — ist, wie man sieht, bewahrt.

37, 18. „Sô wê dir, sumerwunne!

Zwölfzeilige Strophe in Reimpaaren, jede Zeile zu vier Hebungen. Kein zweisilbiger Auftact überliefert; kein Hiatus. — Ein ähnliches Motiv wie im vorigen: Mahnung des treulosen Geliebten, den andere Frauen abziehen. Aber Liebesschmerz combinirt mit Trauer der Natur, mit herbstlichen Erscheinungen: dies in der formelhaften Weise vermuthlich des volksthümlichen Tanzliedes nach Liliencron bei Haupt 6, 73 ff. (Doch kennt auch die französische Poesie jener Zeit den formelhaften Natureingang.)

Hier zweifle ich nicht an der weiblichen Autorschaft. Freilich, wenn man die wol stênden ougen als ‚schöne Augen‘ versteht (vergl. MF. 56, 22), so wäre es recht unpassend, dass die Frau ihre körperlichen Vorzüge selber lobte Aber man wird wie MF. 186, 1. 2 (*est nu lanc daz mir diu ougen min ze fröiceden nie gestuonden wol*) an den hellen, ungetrübten Blick der Freude denken dürfen, den auch der Gegensatz *truobent* verlangt.

3, 1. ,*Du bist min, ich bin din.*

In diesem sechszeiligen Liede redet eine vornehme Dame, gleichviel ob es von ihr herrührt, oder ob sie es bloss citirt. Das letztere nimmt wohl Schmeller an, wenn er (Bayer. Wb. 3, 500) das Gedichtchen unter die Improvisationen des Volkes rechnet und mit den Schnadahipfeln vergleicht. Die Dame schreibt an einen geistlichen Lehrer (MF. S. 222, 4 *ut per te didici*) und Liebhaber, grossentheils in Reimprosa. Das Verhältnis 4) ist wie zwischen Abälard und Heloise. Der Cleriker hat sie gewarnt vor ihren ritterlichen Standesgenossen, die sie umwerben. Ihre Antwort darauf ist charakteristisch (222, 42 ff.): *porro quia me a militibus quasi a quibusdam portentis carere suades, bene facis. ego quidem scio quid caream ne incidam in caream: tamen salva fide ad te habita illos omnino non abicio, dum tamen non succumbam illi quod eis infligis vicio. ipsi enim sunt per quos, ut ita dicam, reguntur iura curialitatis. ipsi sunt fons et origo totius honestatis.* Auch das Mädchen im Briefsteller des Matthäus von Vendôme (Wattenbach, Münchener Sitzungsber. 1872, 4, 594 ff.) steht zwischen einem Geistlichen und einem Ritter. Und in einem bekannten mittellateinischen Gedichte streiten Phyllis und Flora über den Vorzug eines *clericus* oder *miles* als Liebhaber.

Unsere älteste Liebespoesie hat Müllenhoff Denkm. zweite Auflage S. 363 f. behandelt. Dazu vergl. Preuss. Jahrb. 31, 488—490 und unten §. 2. Tiefere Liebesempfindung dürfen wir in der älteren Zeit nur den Frauen zutrauen. Der Verfasser von 37, 4, wenn ich mich nicht täusche, dann Meinloh von Seflingen und der Burggraf von Regensburg versuchen zuerst, aus dem Sinne der Frau heraus zu dichten.

Den Gedanken der vorliegenden kleinen Strophe weisen Zingerle, Germ. 2, 383; Feifalik Wernhers Maria S. XX Anm. 19, und Müllenhoff a. a. O. im Volksmunde nach. Aus der Wiener Hs. 5003 des XV. Jh. (Tabulae codd. 4, 2) theilt mir J. M. Wagner den Reim mit: *Ich pin dein und tu pist mein. dy trew schol immer staet sein.* Geistlich gewendet, findet sich der Anfang in einem von Heinzel (Zs. 17, 18) herausgegebenen niederrheinischen Gedichte Z. 217. Goethe schreibt an Frau von Stein am 6. December 1781 (2, 119): ,Schick mir, Liebste, meine Schlüssel, die ich gestern habe liegen lassen. Aber die Schlüssel, mit denen Du mein ganzes Wesen zuschliessest, dass nichts ausser Dir Eingang findet, bewahre wohl und für Dich allein.'

3, 7. *Wær diu welt alliu mîn.*

Über den Ton, der nicht ohne weiteres mit der Meroltstrophe zu identificiren ist, vergl. Deutsche Studien 1, 4. Vergl. auch die latei-. 5) nischen Nachbildungen Carm. Bur. Nr. 108. 137. Dem Inhalte nach gehört das Liedchen in eine Reihe mit den Männerstrophen der Kürnbergischen Sammlung: es ist keck, übermüthig, begehrlich. — Lachmanns Deutung der Königin von England auf Eleonore von Poitou und Aquitanien, ‚die reichste Erbin der damaligen Welt‘ (Ranke) wird von niemand bezweifelt. Vergl. Massmann Eraclius S. 436 ff. ‚Sie war die Enkelin Wilhelms IX. von Poitiers, des Troubadours, und hatte seinen Geist wie seine Leicht- fertigkeit geerbt.‘ (Diez Leben und Werke der Troubadours S. 27.) Schon als Königin von Frankreich, sie war es 1137 bis 1152, ist sie berühmt im Munde der Fahrenden als ein Ideal von Schönheit. Der verliebte Clericus, der sein Mädchen für das schönste in der Welt erklärt, weiss sie nicht höher zu rühmen, als indem er sie noch über die Königin von Frankreich setzt:

> *Prudens est multumque formosa,*
> *pulchrior lilio vel rosa,*
> *gracili coartatur statura,*
> *praestantior omni creatura,*
> *placet plus Franciae regina.*

Carmina burana S. 145. Ihre Vermälung mit Heinrich von der Nor- mandie 1152 rechnet Diez (Poesie der Troub. S. 247) unter die geschicht- lichen Momente, welche die Ausbreitung der südlichen Poesie nach dem Norden Frankreichs begünstigen mussten. Als Herzogin von Normandie und noch später hat Bernhard von Ventadorn die Dame besungen. (Diez Leben S. 28 ff. IIBischoff Bernh. von Ventad. S. 27—45.) Als Königin von England, was sie 1154 geworden, figurirt sie in unserem Liede, das in demselben Kreise entstand und in derselben Handschrift aufgezeichnet wurde, wie jenes lateinische. Wie lange blieb Eleonore die Modeschönheit? Im Jahre 1160 war sie bereits 36 Jahre alt. Ihr Ruhm mag sich länger erhalten haben als ihre Blüte. Aber jünger als 1160 wird das Gedicht doch wohl nicht sein.

3, 12. *Tougen minne diu ist guot.*

Derselbe Ton wie der vorige, aber genaue Reime und alle Senkungen gefüllt und ein Thema, das in den didaktischen Strophen Meinlohs von 6) Seflingen wiederkehrt. Wenn die formale Vollkommenheit nicht zufällig ist, so fällt es noch später als dieser. Die alterthümlich einfache Strophe kann noch lange verwendet sein.

3, 17. *„Mich dunket niht sô guotes noch sô lobesam.*

Darüber sieh §. 2. Das Liedchen gehört zu den Kürnbergischen und gehört auch wieder nicht dazu. Es ist vermuthlich etwas älter und rührt von einer Frau her. Sommer und Sehnsucht nach dem entfernten Geliebten. Im MF. fehlen die Anführungszeichen.

4, 1. *„Diu linde ist an dem ende nû jârlanc sleht unde blôz.*

Ich verstehe wohl wie Lachmann zu seiner metrischen Darstellung gekommen ist, aber ich glaube, sie bietet grosse unüberwindliche Schwierigkeiten. Es ist ein Frauenlied, dasselbe Thema wie 37, 18 und ganz alterthümlich einfach behandelt, wenn auch in genauen Reimen. Es soll aber aus drei Strophen bestehen, während noch Dietmar von Aist die Einstrophigkeit festhält ausser in dem epischen Tageliede; und die Strophe soll nur aus einem Reimpaare bestehen. Ist das möglich? Ändern die vorgeschobenen Waisen etwas an der Sache? Kann die Liedstrophe unter das Mass von zwei Reimpaaren herabsinken? Man könnte Z. 4 *nu engille,* Z. 8 mit der Hs. *daz i'me* schreiben und das Ganze als eine Strophe auffassen. Das Metrum wäre dann der zweite Ton Meinlohs mit Verlängerung der letzten Reimzeile um eine Hebung, denn *sorgen ergân* wird man nicht lesen wollen.

4, 13. *Sich trôurent aber die guoten die dâ hôhe sint gemuot.* 7)

Die Überlieferung deutet darauf hin, dass für ein farbiges S im Anfang der Raum leer gelassen war. Wenn meine Auffassung der vorangehenden Strophe richtig ist, so gehört das vorliegende Fragment nicht zu demselben Tone. Diese Annahme ist aber auch so misslich, denn man muss ihr zu Liebe in Z. 16 das überlieferte *vil* vor *menegen* streichen. Der Gedankengang des ganzen Gedichtes, wenn wir es hätten, würde etwa dem der Strophe 3, 17 entsprechen: Alles freut sich der wiederkehrenden Sommerwonne, nur der oder die Liebende ist traurig.

4, 17. *Wol hœher danne rîcher.*

Nach dem sonstigen Verhältnisse der Handschriften ist diess die besser beglaubigte Überlieferung: C stellt genauen Reim her durch den Positiv *rîche.* Ich kann nun allerdings nicht b e w e i s e n,. dass *hôch* und *rîch* Synonyma sind. Aber stehen sie sich weniger nahe als *senfte* und *guot?* Ulrich von Gutenburg MF. 70, 1 sagt *sanfter denne baz.* Vergl. auch Parz. 12, 26 *ebener denne sleht.* Häufig werden, unzweifelhaft synonym, *rîch* und *hêr* verbunden, *ein rîcher fürste hêr* u. dgl. Andererseits *ein got der hôhe hêre.* Für den vorliegenden Fall darf man vielleicht selbst Stellen wie Veldeke MF. 59, 37 *daz ich bin rîch und grôz hêre, sît ich si muoste al umbevân;* · Fenis MF. 83 6 *an vrônden rîcher noch hôher gemuot* herbeiziehen.

Auch dass diese und die folgende Strophe in einen Wechsel zusammenzufassen seien, scheint mir nicht sicher. Ich kann nicht finden, dass der Parallelismus darin grösser sei als z. B. in den beiden ersten Strophen des Burggrafen von Rietenburg. Auf jeden Fall wagen wir nicht so viel, wenn wir sie nach Analogie der ältesten einstrophigen Gedichte beurtheilen, als wenn wir in ihnen das erste Exemplar einer neuen Gattung erblicken, worin gar der Dichter nicht in eigener, sondern in fremder Person reden soll. Und ist diese Gattung nicht aus wirklichen Antwortliedern überhaupt erst entstanden?

Über das Metrum hat schon Lachmann (zu den Nib. S. 5) das Wesentliche bemerkt. Denken wir uns eine Nibelungenstrophe, worin die letzte Reimzeile auf fünf Hebungen verlängert und die vierte Waise verdoppelt (wie es im ersten Kürnbergs Ton die dritte ist), dann die Waisen durch correspondirende (überschlagende) Reimzeilen ersetzt, in dem Waisenpaar das zweite Glied reimend: so erhalten wir den vorliegenden Ton.

4, 35. *Rîtest du nu hinnen*

ist der erste Ton Meinlohs, nur mit überschlagenden Reimen statt der beiden ersten Waisen, und die ehemaligen zwei Waisen vor der letzten Reimzeile reimen unter einander.

8)   ### 5, 7. *Wol dir, geselle guote*

braucht nicht zu demselben Gedichte zu gehören, ja ich meine, die Strophe wird sogar passender als ein besonderes aufgefasst. Denn als Nachruf an den Scheidenden klingt sie seltsam. Das erste Lied schliesst ab mit *sprach daz minneclîche wîp* wie MF. 8, 16 *sô sprach daz wîp*. Es ist sogar möglich, dass der Ton der zweiten Strophe abweicht, dass eine Nibelungenstrophe mit verdoppelter letzter Waise zu Grunde liegt, Z. 8 *deich ie bî dir gelac*, Z. 10 *die naht und ouch den tac*, Z. 12 *und bist mir dar zuo holt*. So hat wohl auch Lachmann die Strophe gefasst, da er sie a. a. O. als Variation der Kürnbergs Weise bezeichnet. Aber er überträgt diese Auffassung auch auf die vorangehende Strophe, wird also 4, 36. 5, 1. 3 mit drei Hebungen gelesen haben. Das ist möglich, wenn man 4, 36 *aller*; 5, 1 *ie* streicht und 5, 3 verchleiften zweisilbigen Auftact annimmt, oder die Vorschläge von Bartsch (Liederdichter S. 287) adoptirt. Aber es ist unnöthig, wenn man jede Strophe als ein besonderes Gedicht behandelt.

5, 16. *Ich grüeze mit gesange die süezen.*

Ich habe seit dem Wintersemester 1864/5 diese Strophen wiederholt in Vorlesungen interpretirt und sonst besprochen und bedacht, ohne dass mir Zweifel an Haupts Argumentation aufgestiegen wären. Auch der letzte Widerlegungsversuch (von Karl Meyer Germ. 15, 424) hat mich nicht wankend gemacht, wohl aber das Büchlein von Diez über die portugiesische Hofpoesie (Bonn 1863), das ich erst im Sommer 1873 aufmerksam las.

Vom Könige Dionys von Portugal führt Diez S. 86 f. ein Gedicht von drei Strophen an, jede mit dem Refrain: *Erades bos pera rey ,Ihr wärt für einen König gut.'* So sagt der Liebende zur Geliebten, und er ist selbst ein König. Ja er behauptet (Diez S. 24): nur in ihrer Nähe zu sein, mache ihn so glücklich, dass er mit keinem Könige oder Infanten tausche. Und der Sohn dieses Königs, Dom Pedro, sagt (Diez S. 23): er schätze die Gunst seiner Dame höher als König oder Königssohn oder Kaiser zu sein — und er i s t Königssohn.

,Jedenfalls — bemerkt Diez — ist es sowohl bei Dionys wie bei Pedro eine nichts entscheidende Floskel . . . Etwas schalkhaftes liegt aber *)* doch darin, dass Pedro gerade den Königssohn einmischt.'

Die Stellen sind nicht alle von einer Art. Die Äusserung Pedros könnte mit MF. 5, 37 verglichen werden, wie es Diez a. a. O. thut. Aber wer einer Dame, der er dient *(que serro e serrirey)*, versichert, sie wäre für einen König gut, der will nicht selbst für einen König gelten. Auch mit einem Könige tauschen kann nur wer kein König ist.

Und wenn im Munde Dionys' dergleichen vorkommen kann, obgleich er ein König ist; so kann auch Heinrich, obgleich er ein König ist, singen: ,In der Nähe der Geliebten bin ich ein Herrscher; ich höre auf es zu sein, wenn ich mich trenne von ihr.'

Beide gebrauchen eine nicht von ihnen erfundene Phrase, mit der sie gleichsam aus ihrem Stande heraus und in die Reihe der gewöhnlichen Sänger eintreten.

Jene portugiesische Poesie ist ein Ableger der provenzalischen. Bei den Troubadours aber wird die Wendung, welche den Besitz der Geliebten mit dem Besitze eines Königsthums vergleicht und jene höher stellt, häufig gebraucht (Diez Poesie des Troubadours S. 161 f.). Und Diez hat nachgewiesen (ibid. S. 236), dass sie in die französische, deutsche und italienische Minnepoesie übergegangen ist. Haupt vervollständigt die deutschen Beispiele, welche insbesondere die Leiche, jene grossen Sammelstellen für Liebesfloskeln, reichlich liefern. Hinzufügen kann man Parallelen aus der mittellateinischen Dichtung, z. B. Mones Anzeiger 7 (1838), 287 ff. Nr. 23, 25:

> *Dum contemplor uterum,*
> *dum recordor uberum,*
> *dum illi commisceor*
> *semel atque iterum,*
> *transscendisse videor*
> *gazas regum veterum.*

Daraus nachgeahmt, schwerlich Vorbild dafür, Nr. 21, 25:

> *Dum contemplor oculos*
> *instar duum siderum*

et labelli flosculos
dignos ore superum,
transscendisse videor
gazas regum ceterum,
dum semel commisceor
et iterum.

Die Vergleichung kann zur Identificirung werden. ‚Der beglückte Liebhaber steht höher als ein König‘: davon ist nicht weit zu dem Gedanken: ‚er steht ebenso hoch als ein König‘ und weiter: ‚er ist ein König.‘ So heisst es Nr. 31, 33: und die Stelle ist der fraglichen beim ‚Kaiser Heinrich‘ ähnlicher als irgend eine andere mir bekannte:

haec si sola mihi datur
cui me prorsus dedi,
mihi Roma subiugatur,
subiugantur Medi.

Es ist also ein traditioneller Gedanke, der, wie wir sahen, auf die portugiesischen Könige wirkte und sie zur Nachahmung reizte. Einer analogen Einwirkung unterlag Kaiser Heinrich als Dichter, nach dem Zeugnisse der Sammelhandschrift mhd. Lyriker, auf welcher *B* und *C* beruhen. Entweder hafteten jene Phrasen in seiner von Macht, Herrschaft und Grösse erfüllten Phantasie besonders stark und er wandte sie unwillkürlich an ohne Gefühl für das Unpassende einer solchen Vermischung von Wirklichkeit und Metapher. Oder er hat sie gerade mit Absicht gebraucht, entweder schalkhaft, wie Diez von Dom Pedro vermuthet, oder affectvoll: ein Herrscher oder künftiger Herrscher fühlt sich als Machthaber nur bei der Geliebten, nur durch die Geliebte!

Charakteristisch für Heinrich ist es gewiss, dass auch im Liebeslied seine Gedanken unaufhörlich um die Krone schweifen. Kein anderer Dichter hat auf so geringem Raume so viel von Königtbum und Herrschermacht geredet. Und ich zweifle doch, ob ein anderer Dichter hätte sagen können *ê ich mich ir verzige, ich verzige mich ê der kröne.* An allen Parallelstellen, so viele ihrer angeführt werden, ist es vollkommen deutlich, dass der Mann, der die Geliebte höher als ein Königreich schätzt, kein Königreich besitzt. Hier nicht. Würde es im Munde eines gewöhnlichen Menschen nicht vielmehr heissen: *ich verzige mich ê einer kröne?* Er hätte mit dem unbestimmten Artikel zugleich seinen letzten Dactylus gefüllt.[1]

10)

11)

---

[1] Müllenhoff, dem ich die Hauptpunkte der obigen Argumentation mittheilte, schreibt: ‚Was mich namentlich bestimmt, mich Ihnen anzuschliessen, ist nicht so sehr der bestimmte Artikel der *kröne* (s. Haupt S. 227 darüber), als die dritte Zeile der letzten Strophe, die mir immer eine *crux* und eigentlich gänzlich unverständlich gewesen ist bei der Haupt'schen Ansicht. Bei Ihrer Ansicht ist sie ganz klar und einfach.‘

Die vierte Strophe ist merkwürdig unlogisch. ‚Ihr dürft mir's glauben, — sagt der Dichter — ich könnte manchen lieben Tag verleben, wenn auch niemals eine Krone käme auf mein Haupt: was ich mir ohne sie nicht zutraue.' Also: wenn ich die Geliebte habe, so brauche ich keine Krone; wenn ich die Geliebte nicht habe, dann empfängt die Krone Wert. Diesen Gedanken erwartet man. Aber die Vorstellung eines möglichen Verlustes weckt die Gedankenreihe der zweiten Strophe wieder auf: mit ihr ein König, ohne sie traurig und arm und — um den äussersten Gegensatz eines thronenden Herrschers anzuführen — geächtet und excommunicirt.

Wir haben also ein vierstrophiges — oder, wenn man ganz streng sein will, ein dreistrophiges, mit einer weiteren Strophe als Einleitung versehenes — sehr charakteristisches Gedicht von dem Staufer Heinrich, dem Sohne Friedrichs des Ersten. Form und Inhalt sind wie wir sie erwarten müssen: an dem Hofe Barbarossas hat Friedrich von Hausen gedichtet. Dem conventionellen romanischen Inhalte entspricht die romanische Form, die daktylischen Zeilen, die aus dem zehnsilbigen Verse der Troubadours hervorgegangen sind. Sie haben vier Hebungen, nur die letzte Zeile der Strophe ist um eine Hebung verlängert. Der Bau dreitheilig *ababccc*, die Reime bereits genau. Hierin zeigt sich Einfluss Heinrichs von Veldeke, dessen Wirkung auf süddeutsche Poesie Müllenhoff (Zs. 14, 142) mit Recht von seiner Anwesenheit bei Heinrichs Schwertleite zu Mainz 1184 datirt.

Mehr als dieses Gedicht aber besitzen wir nicht von Heinrich.

Denn ganz anderen Character tragen die übrigen Strophen, welche die Ueberlieferung ihm zuschreibt. Das Liederbuch unter der Ueberschrift *Keiser Heinrich*, das die grosse illustrirte Minnesingerhs. des XIII. Jahrh., [12] die Quelle von *BC*, eröffnete, muss etwa so beschaffen gewesen sein wie XXII *Heinrich von Veltkilchen* in der Hs. *A*: zwei sicher echte Strophen Veldekes eröffnen das letztere, dann folgen zwei unsichere und sechs sicher unechte, wovon fünf dem Dietmar von Aist gehören. So folgen auf die vier echten Strophen Heinrichs gleichfalls vier unechte, diese aber einem Verfasser oder wenigstens einer Schule gehörig.

Und auch sie führen uns in die Nähe Dietmars von Aist. Wenn sie die Genauigkeit der Reime (bis auf *richer*: *güetlîche* 4, 17. 19, wenn ich das recht beurtheile) vor ihm voraus haben, so stehen sie ihm durch die fehlenden Senkungen nach. Die Stimmung des Mannes ist weicher als beim Burggrafen von Regensburg, aber von *dienest* ist noch nicht die Rede, und die Frau rühmt den Mann. Die dritte Strophe erinnert an den Abschied in Dietmars Tagelied. Die Frau sucht in der vierten Strophe ihre Abhängigkeit von dem Manne durch ein Gleichnis auszudrücken, wie umgekehrt Dietmar 38, 35. Die unverholene Äusserung der Sinnlichkeit 4, 20. 5, 8 wie beim Regensburger und bei Dietmar, während Kaiser Heinrich nur sagt: *swenne ich bî der minneclîchen bin*. Die Wendung gegen die anderen Frauen, die ihr den Geliebten neiden 4, 30, noch ganz alterthümlich wie in den obigen Frauenstrophen. Dagegen kommt Naturgefühl gar nicht zum Ausdruck wie in den Kürnbergsliedern. Einzelheiten, die sich sonst vergleichen lassen, sind kaum vorhanden; *der aller liebeste man* 4, 36 (*der aller beste man* 38, 7) *rerendet* 4, 28 (vergl. *ende* bei Dietmar §. 7) und ähnliche kommen nicht in Betracht.

Die Metra setzen die Entwicklung der Waisenform und die erste, zweite, vierte Strophe (wenn ich die letztere richtig auffasse) speciell die *Kürnberges wise* voraus, nur dass überschlagende Reime hinzugekommen sind. Der Hiatus ist vermieden wie bei Dietmar, wenn meine Vorschläge für die vierte Strophe Billigung finden. Jede Strophe ist vermuthlich ein Gedicht.

Die ältesten Liederbücher einzelner Dichter, die wir haben, sind chronologisch geordnet. Wenn wir das auf Kaiser Heinrich anwenden, so müsste er gewaltig zurückgeschritten sein. Aber vielleicht verhält es sich [13) in diesem Falle anders? Vielleicht sind die Producte einer früheren Entwicklungsepoche hier in den Anhang verwiesen?

Wir werden Dietmar von Aist näher betrachten. Er ist so sehr eine Übergangsgestalt, dass man zweifeln kann, ob alles ihm Zugeschriebene auch wirklich von ihm herrührt. Aber so starke Gegensätze, wie zwischen den vier ersten und den vier letzten Strophen Kaiser Heinrichs, finden sich bei ihm nicht.

Wenn wir von Kaiser Heinrich Gedichte hätten aus der Zeit vor der romanischen Einwirkung, so wären sie die einzigen ihrer Gattung; denn für die rheinische Poesie sind Hausen und Velcke unsere Anfänge. Was ihnen vorausliegt kennen wir nicht, wir können höchstens darauf schliessen aus ihnen selbst. Man vergleiche einmal die ältesten Gedichte (MF. 48, 23 ff. 48, 32 ff.) Friedrichs von Hausen, dessen Schule (nach Müllenhoff Zs. 14, 142) jedenfalls noch in die siebziger Jahre fällt, mit den hier vorliegenden. Wenn Friedrich von Hausen in seinen Anfängen so dichtete, ist es möglich, dass denn der junge Heinrich sich zuerst in der Art des Dietmar von Aist vernehmen liess? Alles, was wir von der Entwicklung unserer Lyrik wissen, widerspricht auf das entschiedenste.[1)]

Wir besitzen mithin nur ein Lied von dem Kaiser Heinrich, und die naheliegende Vermuthung, dass uns andere verloren seien, ist mindestens überflüssig. Hätte es solche gegeben, so würde man sie sorgfältig bewahrt haben. Und wäre Heinrich ein professionsmässiger Dichter gewesen, so

---

1) Ich glaube nicht, dass die ganze Frage hiermit abgeschlossen ist. Ich will in einer künftigen Abhandlung versuchen, die Liedersammlung des XIII. Jahrhunderts so genau als möglich wieder herzustellen, welche unseren Hss. *B* und *C* zu Grunde liegt. Bei dieser Gelegenheit komme ich auf Kaiser Heinrich zurück. Einstweilen möchte ich nur das daktylische Lied sicher für ihn gerettet haben.

würden ihn die späteren Kunstgenossen in ihren litterarischen Stellen als solchen rühmen.

Die genauen Reime erlauben die Datirung: nicht vor 1184. Aber eben mit diesem Jahre beginnt Heinrichs eigene politische Thätigkeit, innerhalb deren sich schwerlich Raum fand für eine von Poesie umleuchtete Liebesepisode. Wenn wir einen kalten gewaltthätigen Staatsmann als Ver- 1¼ fasser eines Liebesliedes kennen lernen, so spricht die überwiegende Wahr- scheinlichkeit dafür, dass er es als junger Mensch gemacht habe. Am ein- fachsten sieht man darin einen Nachklang jenes Maifestes von· Mainz, auf welchem der Neunzehnjährige das Schwert nahm. Die conventionellen Formen des Turniers wären nicht vollständig gewesen, wenn der junge König nicht einer Dame seine Huldigungen erwies. Und wenn je in seinem Leben äussere Anregung zu poetischer Production vorhanden war, so war es damals. Er mag die Strophen im Juli oder August 1184 auf dem Wege gegen Polen (Toeche S. 33) gedichtet und der Dame seines Herzens an den Rhein gesandt haben.

6, 5 *„Mir hât ein ritter' sprach ein wîp*

Auch dieses Gedicht möchte der österreichischen Schule zuzuweisen und zunächst an Dietmar von Aist anzulehnen sein. Der *dienest* ist bereits eingeführt. Das Metrum kann man so entstanden denken: sechszeilige, stumpfgereimte Strophe, Zeilen von vier Hebungen, stumpfe Waise vor Z. 1. 2. 6. Die Waisen vor Z. 1. 2. dann durch überschlagende Reime ersetzt. Der Reim noch ungenau: *wîp* : *zît.*

Dieselbe Ungenauigkeit in dem folgenden Gedichte von drei Strophen, worüber §. 10. Der Reim *wîp* : *zît* gehört zu den letzten ungenauen, die sich überhaupt verlieren. Er war mit der ältesten Technik des Minneliedes, so weit sich darin Liebes- und Naturgefühl mischen, viel zu enge verknüpft, als dass die Dichter leicht lernen sollten, ohne ihn auszukommen.

§. 2.

Der Kürenberger.

Mit ihm beschäftigt sich meine Abhandlung in der Zeitschrift für deutsches Alterthum Bd. 17, 561—581. Ich versuchte nachzuweisen, dass die unter diesem Namen in *C* überlieferte Sammlung als anonym angesehen werden müsse. Der Ton 7, 19 ff., die Nibelungenstrophe, ist nach meiner Ansicht die 8, 5 erwähnte *Kürenberges wîse*: die Melodie wurde von einem 15) Ritter von Kürenberg erfunden. Dessen echte Gedichte sind uns wohl sämmtlich verloren; wir müssen uns dieselben volksthümlicher als die er- haltenen, mehr in der Art der Strophe MF. 3, 17—25 denken.

Die pseudo-kürnbergische Sammlung enthielt ursprünglich, wie ich glaube, noch nicht den Dialog 8, 9—16. Sie bestand aus 14 Strophen,

welche, sieben auf einer Seite, gerade ein Blatt von dem Formate der
Nibelungen-Liederbücher füllten. Die neun ersten rühren von Frauen her,
die fünf letzten von Männern.

Heinzel schreibt mir über meine Argumentation, betreffend die Autorschaft des Kürenbergers: ‚Ich kann hier nur zu einem *non liquet* kommen
oder zu einer anderen Wahrscheinlichkeit. Das Gedicht 8, 1 wurde doch
von der Dame oder von dem Dichter in der Person der Dame gedichtet,
um gesungen, d. i. vorgesungen zu werden. Es verklingt ja auch nicht in
der Einsamkeit ihrer Kammer, sondern der Geliebte hört es und antwortet.
Wie geht das zu? Sie kennt ihn ja nicht, sie weiss ja nicht, wer es war,
der unter vielen, die sie nur hören, nicht sehen konnte, durch schönen
Vortrag der Kürenberg'schen Melodie ihr Herz gewonnen hat. Wenn sie
diesem angeblich Unbekannten ihr Lied doch vorsingt oder vorsingen lässt,
so liegt die Vermuthung einer Fiction sehr nahe. Sie thut, als wisse sie
nicht, wer der Sänger gewesen, sie muss also ihr Lied, durch das sie ihm
ihre Neigung kundgeben will, so einrichten, dass er aus den Angaben über
jenen Sänger merkt, er sei gemeint. Diese Angabe ist: *in Kürenberges wise*,
gleich passend, mag der Betreffende selbst der Kürenberg gewesen sein
oder ein Anderer, der ein Kürenbergisches Lied sang. Hübscher freilich,
wenn das erstere der Fall war. Dass das Lied, das sie gehört, für sie
bestimmt gewesen, ist nach ihrer Ausdrucksweise ganz unwahrscheinlich,
es gehört also nicht zu der Gruppe 8, 1; 9, 29. Warum sie demnach die
Kürenberges wise gewählt haben sollte, ist nicht abzusehen, und wir stehen
mit dem Namen vollkommen im Dunkeln.‘

Dass das Lied, welches jener Ritter nächtlich sang, für die Dame
bestimmt gewesen sein müsse, habe ich nicht behauptet. Das Lied braucht
16) ebensowenig für die Dame bestimmt gewesen zu sein, wie das bekannte
Lied Reinmars für Walther, wie Neidharts Lieder für seine Gegner bestimmt
waren, welche darauf antworteten. Ich folgere aus diesen Beispielen nur
die Wahrscheinlichkeit, dass eine Dame, welche an einen Gesang in *Kürenberges wise* anknüpft, dies in derselben Melodie gethan haben werde. Einen
stricten Beweis dafür wüsste ich nicht zu liefern.

Was die Strophe 8, 1 anlangt, so will ich gerne glauben, dass die
Dame nur so thut, als ob sie den Ritter nicht kennte. Und ich muss auch
zugeben, dass meine Folgerung auf S. 572 nicht so vorsichtig war, wie die
Betrachtungsweise Heinzels. Jedenfalls kann man die Stelle so auffassen,
wie er thut, aber nur unter der Voraussetzung, dass sich jedermann der
Kürenbergischen Melodie bedienen konnte. Und dann bleibt allerdings
zweifelhaft, ob es im vorliegenden Falle ein Anderer that oder der Kürenberger selbst, von welchem dann 9, 29 herrühren würde. Dass das letztere
hübscher wäre, kann ich nicht finden; aber dies ist ja gleichgiltig.

Aber die Argumentation von S. 571 bleibt bestehen, sie wird bestätigt
durch den specifischen Charakter der Frauen- und Männerstrophen. Und

dass die echten Lieder Kürenbergs anders ausgesehen haben als die uns
überlieferten, dass mithin jener Ritter wahrscheinlich nicht der Kürenberger
war, scheint mir noch immer aus MF. 3, 17 zu folgen, wie ich es in der
Zeitschrift S. 580 f. darlegte.

§. 3.
Meinloh von Seflingen.

Die grosse illustrirte Sammlung des XIII. Jahrhunderts, auf welcher
die Handschriften B und C beruhen, schrieb diesem Dichter eilf Strophen
zu, jede Strophe ein selbstständiges Gedicht; ihnen fügte C am Schlusse
drei weitere hinzu.

Jenes alte Liederbuch war nicht nach Tönen, sondern chronologisch
geordnet. Die Gedichte sind in der Reihenfolge überliefert, in der sie entstanden sein müssen. C hat, um die Töne auszugleichen, das zweite Gedicht
(15, 1) verkürzt und ebenfal's auf sechs Reimzeilen gebracht.

Nur einmal in der ersten Strophe (I. MF. 11, 1), wird die Frau selbst 1?)
angeredet. Drei Strophen sind Selbstgespräche oder an das Publicum gerichtet (II. 15, 1. VII. 12, 27. IX. 13, 1). Ein Lied spricht der Bote (III.
11, 14). Drei sind Gnomen (IV. 12, 1. V. 14, 14. VI. 12, 14); drei der
Dame in den Mund gelegt (VIII. 14, 26. X. 13, 14. XI. 13, 27).

Mit I (11, 1) beginnt offenbar die Beziehung. Der Dichter erzählt:
er habe die Dame loben hören, er wollte sie kennen lernen, er hat sie
gesucht, bis er sie fand. Ihr Anblick täuscht seine Erwartung nicht. Von
ihr geliebt zu werden, wäre eine grosse Auszeichnung, sie ist ein sehr
vollkommenes Wesen. Ihr Auge, ihren Blick rühmt er besonders.

II. (15, 1) ist abermals ein *prisliet*, offenbar an das Publicum gerichtet.
Sofort weist der Dichter die Ansicht ab, als ob sein Lob auf persönlich
intimen Beziehungen beruhe. Er will noch nicht einmal mit ihr geredet
haben (15, 7). Aber feierlich kündigt er den Entschluss an, um ihrer Vollkommenheit willen Alles zu thun, was sie gebietet, d. h. ihr zu dienen.

Diesen *dienest* entbietet er ihr durch einen Boten (III. 11, 14). Das
ist seine förmliche Erklärung ihr gegenüber. Sie hat ihm alle anderen
Frauen aus dem Sinn genommen: ich verstehe dies wörtlich, er scheint
wirklich andere Liebeshändel hinter sich zu haben, vergl. 11, 4. 13, 35.
Er bittet, dass sie seinem *trûren* Abhilfe gewähre.

Die Werbung wird fortgesetzt durch Sprüche, in denen zunächst der
Dichter von den Eigenschaften eines rechten Liebhabers handelt, um anzudeuten, dass er selbst diese Eigenschaften besitze, um sich selbst als
solchen Liebhaber zu empfehlen. Die heimlich im Herzen getragene *seneliche swære* erscheint als das Haupterfordernis (IV. 12, 1). Aber schon
erheben sich die Gedanken höher und die Wünsche werden kühner. Die

Verschwiegenheit dessen, der ein Mädchen gewonnen hat (nach Lachmanns Conjectur) ist das nächste Thema (V. 14, 14). Und endlich klingt es wie eine Aufforderung, rasch zu geniessen, rasch sich zu ergeben, wenn in VI 18) (12, 24) gesagt wird: *man sol ze liebe gâhen.* [1]) Schon gibt es etwas zu verhehlen, die Aufpasser treten in den Gesichtskreis der Liebenden und erörtert wird, wie man sie betrügen könne. Noch ist der Dichter nicht an das Ziel seiner Wünsche gelangt, aber man sieht die Fortschritte, die das Verhältnis macht.

Eine Trennung scheint die Entwicklung zu verzögern. Die heimliche Trauer in VII (12, 27) ist nicht blos die Sehnsucht des ohne Erhörung Schmachtenden, es ist auch die Sehnsucht des Entfernten, der den Tag des Wiedersehens nicht erwarten kann.

Aber die Entfernung des Geliebten reift die Empfindung der Frau: VIII (14, 26) spricht ihre Freude aus, dass er zurückkehrt, und den Entschluss, sich ihm hinzugeben.

. Diese Absicht scheint sie ausgeführt zu haben. IX (13, 1), ein Lied voll seltsamer Reim- und Stylkünste (Z. 6. 8 *zallen zîten mir: gevallet sî mir*; Z. 10. 13 pfliget *ir lîp:* umbe *ir lîp* nach *B*; Z. 11—13 sturbe ich: wurde ich : wurbe ich; Z. 4. 5. 7 ie — und ie), zeigt den Dichter nicht mehr unzufrieden, nicht mehr sehnsüchtig, das *trûren* ist verschwunden; die Verse bekunden wachsende Liebe und unverbrüchliche Anhänglichkeit ohne eine Spur von Klage. Ein bestimmterer Anhaltspunkt ist freilich nicht vorhanden, aber der verschwiegene Dichter musste sich hüten, etwas zu verrathen. Die Worte: *ich weiz vil wol umbe waz*, worin man eine Hindeutung auf heimliches Glück sehen könnte, führen, wie sie da stehen, doch nur das Folgende ein.

Die beiden letzten Strophen, der Dame in den Mund gelegt, sollen das Verhältnis nach aussen vertreten, X (13, 14) gegen die Aufpasser, XI (13, 27) gegen andere neidische Frauen. Die Dame bekennt dort offen, dass sie seine *friundinne* sei, aber sie leugnet den sinnlichen Charakter des Verhältnisses. Hier deutet sie sehr boshaft an, dass wohl manche andere seinen Willen gethan habe; wenn eine solche ihn nicht ohne Grund 19) verloren und nun um ihn traure, so sei das nur zu natürlich; sie ihrerseits habe ihnen nichts Böses zugefügt, als dass sie sich's verdiente, ihm am besten zu gefallen.

---

¹) Was 12, 18 *unstætiu friuntschaft* soll, verstehe ich nicht. Es wird von ihr gesagt, sie mache *wankelen muot.* Also: ,unbeständige Freundschaft macht unbeständig'? Das ist doch unmöglich, und Treue und Unbeständigkeit haben hier überhaupt nichts zu thun. Ein Wort *ungæhe* ist allerdings nicht nachgewiesen, aber Mainloh könnte es gemacht und *ungæhiu friuntschaft* gesagt haben. Die Ungebräuchlichkeit würde die Verderbnis erklären.

So. weit das. alte Liederbuch. Hatte *C* aus anderen Quellen noch etwas hinzuzufügen? An sich ist dies ganz möglich. Aber auch unechte Vermehrungen pflegen am Schlusse der Liederbücher aufzutreten.

Dass Str. 13. 14 in *C* mit dreitheiligem Bau, mit fünf- und sechsmal gehobenen Versen, mit durchweg reinen Reimen, mit der Reimordnung *ababcac*, beide Strophen zu einem Gedichte gehörig, die erste überdies auch unter Reinmar in *C* überliefert und beide gewiss eher in Reinmars als in Meinlohs Art, dass diese beiden Strophen also nicht von Meinloh herrühren können, ist unzweifelhaft und bereits im MF. bemerkt.

Mithin sind zwei von den drei in *C* hinzugekommenen Strophen unecht, die äussere Beglaubigung der dritten *C* 12 wird dadurch sehr gering, und die inneren Gründe sprechen mehr gegen als für die Echtheit.

Dass Meinloh die Strophenform gebraucht, beweist nichts. Die reinen Reime wollen wir nicht gegen die Echtheit anschlagen, sie finden sich auch III. IV. VII. IX. X. XI.: nur *getân* : *man* und *man* : *getân* in beiden letzteren.

Aber chronologisch könnte das Botenlied die Stelle nicht behaupten, an der es steht; es müsste etwa zwischen VII und VIII eingefügt werden und würde doch nicht ganz dahin passen. Der sonst mehrfach gebrauchte Terminus in Z. 12. 13 (*ê er an dinem arme sô rehte güetliche gelît*), vergl. MF. 4, 19. 17, 2 (3, 11. 34, 12) kommt bei Meinloh nicht vor, der dafür constant *nâhe bî geligen* verwendet (15, 8. 14, 34. 13, 22), welches wiederum den anderen, älteren Liederdichtern fremd ist. Entscheidend scheint mir das hier sich aufdrängende, bei Meinloh ganz fehlende Naturgefühl: die höchst formelhafte Ankündigung der Jahreszeit, der Hinweis auf den nahen Sommer. Auch stylistisch bietet das Gedicht Eigenthümlichkeiten: die rhetorische Frage in Z. 3. 4 und die Verwendung derselben, um eine Spannung zu erregen, welche sich sofort löst, wie auch im Eingange die Boten des Sommers erst überraschend hingestellt und in der nächsten Zeile erklärt werden. Selbst der Kunstcharakter ist leise verschieden. Der Bote blickt [20] zurück auf seinen Weg, er hat Blumen gesehen, andere Boten, die ihm begegneten, Boten des Sommers, wie er ein Bote des Dichters ist. Der Dichter ist ein Ritter, er ist jüngst von der Dame geschieden und hofft auf Gewährung bei der herannahenden Sommerzeit. Wir haben da einen viel grösseren Reichthum thatsächlicher Beziehungen, Motive aus der Wirklichkeit, bestimmte Situation: Alles, was bei Meinloh bis zu schattenhafter Ahnung schwindet, wie wir denn 12, 27 ff. kaum wissen, ist er getrennt von der Geliebten oder nicht. Die Bewegung des Gedankens scheint mannigfaltiger, freier, lebender als in Meinlohs etwas eintöniger, blasser und abstracter Ideenwelt.

Demnach würde ich es für unvorsichtig halten, diese mindestens höchst zweifelhafte Strophe in das Material aufzunehmen, aus welchem unsere Vorstellung von dem Dichter sich bilden soll.

Meinloh verlässt die Tradition des deutschen Minneliedes und stellt sich auf den Boden einer neuen Reflexion, die ihre einheimische Vorbereitung und Anknüpfung höchstens in der Gnomik der Fahrenden findet (vergl. Sätze wie 14, 24 f. *er ist unnütze lebende, der allez sagen wil daz er weiz*; auch etwa 12, 20 *man sol ze liebe gâhen*; bei 12, 18 *ungœhiu friuntschaft machet wankelen muot* schwebt die Analogie von Redeformen vor wie 7, 19 *leit machet sorge, vil liebe wünne*, vergl auch 137, 5 f.). Zwar bleiben seine Gedichte noch einstrophig und er erlaubt sich, dasselbe Metrum öfters zu verwenden. Auch sonst weiss seine Verskunst nichts von den späteren lyrischen Beschränkungen.[1] Aber er gebraucht doch schon drei Töne, und es ist ein anderer Geist eingezogen in die altübliche Form der Gelegenheitspoesie.

Meinloh sucht mit bewusster Absicht zu zeigen, dass er ein regelmässiges Minneverhältnis in der Gestalt des ,Dienstes' durchzuführen verstehe. Er bemüht sich, ein richtiger Liebhaber (14, 19 *guot frouwen trût*) zu sein, und lässt sich von der verehrten Dame das Zeugnis ausstellen (14, 37), *wie wol er frouwen dienen kan!* Theoretisch entwickelt er, was dazu gehört, und das Conventionelle darin tritt scharf hervor. Aber alle Spitzfindigkeit, alle Dialektik, alles Geistreiche liegt ihm noch fern. Die Weichheit der Seele ist nur äusserlich angenommen. Er ist ein Mann, wie sie in den Kürenbergsstrophen erscheinen, nur mit dem modischen Firniss des *trûrens* und der *seneden swære* überzogen. Erst in IX glaubt man den Anaphern und Hyperbeln und dem Reimschmuck anzufühlen, dass das Glück seine Seele in wahrhaften Schwung und aufrichtige Erregung versetzt hat. Und ebenso ehrlich klingt der Zorn des zehnten Gedichtes, und im letzten, wo es galt, im Namen der Dame ihre Empfindungen im Gegensatze zu anderen Frauen zu schildern, die sie beneiden, da greift er auf die alten Wendungen zurück, welche gewiss die Frauen selbst für dieses Verhältnis ausgebildet hatten und wovon denn auch andere volksthümliche Dichter Gebrauch machten. Er lässt sie sagen (13, 27): *Mir erwelten miniu ougen einen kindeschen man: daz nideut ander frouwen*; vergl. 37, 13, *ich erkôs mir selbe einen man; den erwelten miniu ougen. daz nideut schœne frouwen* (4, 30 *daz nideut ander crouwen*). Daran schliesst sich in beiden Gedichten der gegensätzliche Gedanke ,ich habe ihnen nichts gethan', der nur jedesmal verschieden ausgedrückt und verschieden gewendet wird: 13, 30 *ich hân in anders niht yetân*; 37, 17 *jo engerte ich ir deheiner trûtes* *diu holdeste `bin.* In derselben anonymen Strophe nennt die Frau ihren *gesellen*, eine Bezeichnung, welche Meinloh schon vermeidet, einen *kindeschen man* (4, 10), was Meinloh hier XI und VIII (14, 35) anwendet. Aber gerade hier kommt auch der alte männliche Pferdefuss zum Vorschein; der Dichter kann es nicht lassen (wie der in 10, 17 f.) sich seiner Erfolge bei Damen zu rühmen (13, 35 f.).

Meinlohs Sprachschatz ist nicht reich und seine Gedankenproduction nicht mannigfaltig. Das *ouge* z. B. kommt in verschiedenen Wendungen innerhalb der elf Strophen fünfmal vor (11. 11. 12, 33. 39. 13, 27. 15, 9), die *tugent* desgleichen fünfmal (11, 3. 20. 13, 10. 14, 23. 32). Die neue Welt ist eng und klein und man hat sie eben erst betreten, ihr innerer 22) Reichthum ist noch unerschlossen, die Fülle synonymer Bezeichnungen für ein Gefühl, für eine Situation ist noch nicht entdeckt. Sie mag schon vorhanden sein und bereit liegen, aber das Gold ist noch ungemünzt, der Einzelne kann es nicht mit Leichtigkeit ausgeben, auch wenn er es hat.

Oft kehrt in demselben Gedichte dasselbe Wort, derselbe Gedanke wieder: I. 11, 5 *gesehen*; 13 *sehen*; II. 15, 9 *sâhen*; 13 *sach* (VII. 12, 33 *sach*; 39 *ziht*; XI. 13, 39 *sihe*). Ferner II. 15, 1—4 gleich 11—14; III. 11, 14 *enbiutet*: 21 *enbiut.* In IV. 12, 1. 2 und 9. 10 ein analoger Gedanke in analoger Wendung (*semelichen* aus dem vorangehenden *werden*, *alsus* aus dem vorangehenden *biderber* zu verstehen); 12, 1. 13 *werden wîben*; 12, 7. 11 *herze*. Auch in V am Schlusse der Anfangsgedanke wiederholt und 11, 19 *trût*; 20 *triuten.* VI. *inne werden* 12, 16. 22. *ungœhiu? gâhen* 18. 20. VIII. *komen* 14, 28. 36. IX. *gevallen* 13, 4. 8. Fast möchte man vermuthen, dass künstlerische Absicht dahinter stecke.

Wenn also der Wortschatz nicht gross ist, so leidet die Syntax doch keineswegs an Eintönigkeit. Die lose aneinander gereihten Sätze des ersten Gedichtes, jeder Satz ein Langvers oder auch nur eine Waise, hat Meinloh bald verlassen. Man vergleiche ausgebildetere Perioden wie II. 15, 5—10; V. 14, 14—21; XI. 13, 35—39.

Der geistige Gehalt seiner Strophen lässt sich von einem Punkte aus umfassen und auf gewisse Gruppen bringen, welche ihrerseits bestimmten sprachlichen Erscheinungen entsprechen.

Preis der Geliebten (oder im Munde der Dame des Geliebten). Sie ist eine *edeliu frouwe* 12, 31. Der Dichter hat sie loben gehört 11, 1; sie ist *guot ze lobenne* 12, 35. Sie ist *der besten eine* 11, 9 (was die Form *eine* anlangt, so vergl. Rugge 106, 33 *dekeine* im Reim auf *eine scheine meine*). Gehäufte Adjectiva: *schœne unde biderbe, dar zuo edel unde guot* (15, 1. 2), und nochmals (15, 11. 12) *sist edel und ist schœne, in rehter mâze gemeit*, auch anderwärts (13, 7) *ie schœner und ie schœner.* Sie ist *sœlec zallen fren* 13, 9. Sie hat keine Fehler an sich 12, 35. Von speciellen körperlichen Vorzügen wird nur der Augen gedacht, aber auch nicht sowohl der Schönheit als des freundlichen Blickes wegen (11, 13). Und die Freundlich- 23)

6*.

keit, die massvolle Heiterkeit, das *in rehter mâze gemeit* (s. Haupt zu
Neidhart 17, 2) ist hier wohl die Hauptsache. Sie ist ein Theil, ja der
wichtigste Theil des guten, gebildeten, feinen Benehmens, welches Meinloh
wiederholt hervorhebt: 15, 4 *der zimet wol allez daz si tuot*; 15, 13 *ichn
sach nie eine frouwen diu ir lîp schôner künde hân*; 12, 33 *ichn sach mit
mînen ougen nie baz gebâren ein wîp*. Man blickt in eine Zeit, für welche
die Feinheit der Lebensformen neu aufgeht. Zusammengefasst werden die
weiblichen und männlichen Vorzüge, die man bewundert, in dem Worte
tugent, wofür die Belege oben: Gegensatz *unnütze lebende* 14, 24. Adjec-
tivisch *biderbe*: von der Frau 15, 1; vom Manne 12, 9. Desgleichen *wert*,
nur neben *wîp* 12, 1. 13. Gegensatz *unkiuschez herze* 12, 9. Das Wort
hœvesch (Dietmar 33, 35; Veldeke 57, 34) gebraucht Meinloh nicht.

Die Wirkung so vortrefflicher Eigenschaften auf die Empfindung und das
Verhalten des Liebenden und der Geliebten. Die Dame ,gefällt' dem Dichter, er
sieht sie als einzig an (*ichn sach nie* u. dgl. Wendungen), sie ist ihm *als der lîp*
(11, 15. 12, 32), sie hat ihm alle andern Frauen aus seinem *muote* weg-
genommen, so dass er an sie *gedanke niene hât*. Sie hat ihm beinahe um-
gewendet (*bekêret*, vergl. *kêren* 13, 33) *sin unde leben* 11, 22: nämlich er
gibt *fröude* auf und tauscht *trûren* ein 11, 25; *trûren mit gedanken* 12, 29;
seneliche swære 12, 6. Ebenso ,hoher Muth' (*mîn muot sol aber hôhe stân*)
und *trûren* und *leit* der Frau 14, 27. 29. 30 (vergl. *unfrœlichen stân* 13, 39).
Andere Synonyma werden nicht gebraucht, das Herz als Sitz der Empfindung nur 12, 7, 14, 30 erwähnt. Der Zustand des *trûrens* bedarf Abhilfe,
welche nur die Frau gewähren kann (11, 21. 12, 30). Der Mann ist *getiuret*
durch ihre Liebe (*liep haben* 11, 8; *minne* 12, 14; *stæte minne* 14, 33;
friuntschaft 12, 18; *liebe* Liebesfreude 12, 20; *triuten* 14, 20). Er wirbt
um sie (12, 15. 13, 13), ist ihr *holt* (13, 1. 12, 13) und dient ihr (*dienen*
12, 1. 9. 13, 3. 14, 37. *dienest* 11, 14 Synonym 15, 15 ff.). Er bewahrt ihr
,Treue' (12, 12: Gegentheil *wankelen muot* 12, 19). Dafür gibt sie *solt* (12,
10), nennt sich seine *friundinne* (13, 21) und ,verdient sich' (*gedienet*),
dass sie ihm die Liebste ist (13, 31). Das Verhältnis muss unbedingt
24) heimlich gehalten werden, das ist die Hauptpflicht des Liebhabers (12, 7.
14, 16. 22), vergl. das Liedchen *Tougen minne diu ist guot* (MF. 3, 12;
oben §. 1). Angefeindet werden die Liebenden von den *merkæren* (14, 17.
12, 21. 13, 14) und von eifersüchtigen Frauen (13, 29).

Aber ich will nicht die ganze Liebesterminologie Meinlohs zusammenstellen, es kommt mir nur auf einige Folgerungen an.

Ich habe gesagt: Meinloh reflectirt. Den Inhalt dieser Reflexion können
wir jetzt bestimmt angeben.

Meinloh liebt. Er gibt sich Rechenschaft über den Zustand, in dem
er sich befindet, und über die Vorzüge der Geliebten, welche ihn darein
versetzen. Aber er gibt sich auch Rechenschaft über diesen ursächlichen
Zusammenhang selbst. Er hat daher fortwährend zu motiviren: zu motiviren,

warum er liebt, warum er traurig ist, warum er dienen will. Das Verhältnis von Ursache und Wirkung, von Grund und Folge in seinen verschiedenen sprachlichen Gestaltungen und Erscheinungsformen spielt daher
eine grosse Rolle in seinem Styl: I. 11, 1. *2 dô-dô; 3 durch*; 10 *von
schulden;* II. 15, 5 *umbe das . . . wan daz* (Zurückweisung eines falschen
Motivs, Hervorhebung des wahren); 15, 15 *durch daz*; III. 11, 20 folgerndes
nu; 24 *dur dînen willen;* VII. 12, 35 *des*; 38 *durch ir willen*; VIII. 14,
28 *wan*; 29 *von dem* (vergl. 32 *mich heizent sîne tugende daz ich . . .*); IX.
13, 2 *umbe waz*; X. 13, 16 *âne schulde*; XI. 13, 37 *von schulden.*

Aber Meinloh lebt nach einem bestimmten Ideal, er will ein rechter
Liebhaber sein. Er misst seine und Anderer Handlungen nach den ihm
geläufigen Vorstellungen von Recht und Unrecht. Er gibt Maximen, in denen
für gewisse einzelne Fälle Regeln aufgestellt werden, und er fragt, ob man
ihm oder Anderen aus gewissen Handlungen und Gesinnungen einen Vorwurf machen könne oder nicht.

Zu allen diesen Zwecken, insbesondere in den Gnomen, bietet sich,
wie bei Spervogel, die Form des hypothetischen Satzes als die bequemste
dar. Daher die verschiedenen durch *sô, swer, swelhiu, der, ob* ein-
geleiteten oder auch conjunctionslosen Vordersätze, denen Nachsätze mit
sô oder einem Demonstrativum folgen. Den möglichen und wirklichen Fällen
reihen sich künftige au, wie 12, 39, und unmögliche, welche in gesteigerter 25)
Empfindung statuirt werden: 13, 11 *sturbe ich nâch ir minne u. s. w.* 13,
24 *stachens ûz ir ougen, mir râtent mîne sinne an deheinen andern man;*
vergl. Machiavells Clitia II. 3 (das Original ist mir nicht zur Hand) in der
Übersetzung von Mylius (Beytr. z. Historie und Aufnahme des Theaters
S. 321) *und er wird sie heiraten, wenn du dir auch die Augen auskratzest.* Die
drei letzten Gedichte Meinlohs IX—XI schliessen mit derselben Redeform.

Wenn oben mit Recht gesagt wurde, dass Meinlohs Reflexion noch
nicht bis zur Spitzfindigkeit gediehen ist, so stimmt dazu, dass die Con-
junctionen des Gegensatzes bei ihm gänzlich fehlen. In den Antithesen
äussert sich die Spitzfindigkeit späterer Lyriker am meisten. Meinloh hat
den Gegensatz (*ich lebe stolzlîche . . . ich trûre mit gedanken* 12, 27. 29), aber
er bezeichnet ihn nicht. Die Freude daran ist ihm noch nicht aufgegangen.

Die Blindheit und einseitige Concentration des vielleicht künstlich
und absichtlich gesteigerten Affectes macht sich geltend, wenn Meinloh
sehr häufig zur unbedingten und superlativischen Redeweise greift. Jedes
al und jedes *niemen* gehört hierher. In I. 11, 9 ist die Dame noch *der
besten eine.* In II. hebt sie sich schon über alle andern hinaus: 15, 13 *ichn
sach nie eine frouwen diu ir lîp schôner künde hân;* vergl. 15, 4 *der zimet
wol alles daz si tuot.* In III. 11, 17 sind ihm *elliu andriu wîp benomen
ûz sînem muote.* Er hat um ihretwillen *eine ganze fröude gar umbe ein
trûren gegeben.* Und so weiter.

Ich habe die vorstehenden Bemerkungen, so unvollkommen sie sind, nicht unterdrücken wollen. Die Syntax jedes Schriftstellers wäre einer erschöpfenden Behandlung fähig, worin man die Formen seiner Rede zu begreifen suchte, einerseits aus der Natur der Gegenstände, die er behandelt, andererseits aus der Art und Anlage seines Geistes.

§. 4.
Der Burggraf von Regensburg.

Wer König Ludwigs Walhalla besucht, der fährt von Regensburg nach Donaustauf. Auf einem kegelförmigen Felsberge, dessen vorspringende 26) Massen die Häuser dieses Marktfleckens nahe an die Donau drängen, werden die Trümmer der Burg Stauf sichtbar. Der Blick von oben trägt weit hin die Donau hinab längs der Vorberge des baierischen Waldes. Hier sassen im zwölften Jahrhundert die Minnesänger, welche uns zunächst beschäftigen sollen.

Ich halte den Burggrafen von Regensburg und den von Rietenburg getrennt, wie sie uns in den Handschriften entgegen treten.

Die Überlieferung (*AC*) stellt den Regensburger unter die volksthümlichen Dichter oder Spielleute, wie Friedrich den Knecht, Hugo von Mülndorf, Niuniu; den Rietenburger hatte die Quelle von *BC* zwischen Friedrich von Hausen und Meinloh von Seiflingen.

Bei jenem ist keine Spur davon, dass der Mann in ein Dienstverhältnis zu der verehrten Dame träte: im Gegentheil, diese bekennt sich dem Manne unterthan (MF. 16, 2). Beim Rietenburger liegt die Anschauung des Dienstes ganz unzweifelhaft vor: 18, 12 *sit ich hân von rehter schulde alsô col gedient ir hulde*; 18, 23 *und biut ir stæten dienest mîn*; 19, 35 *danne deich ir diene vil*.

Jener hat demgemäss keinen Kummer als die Aufpasser (*merkære* 16, 19), die ihn stören; dieser hat das conventionelle Trauern, die conventionelle Hoffnung, das conventionelle Werben um die Gunst der Geliebten. Dort ist das Verhältnis zwischen Frau und Mann im wesentlichen wie in den Kürnbergsliedern; hier steht es unter dem Einflusse provenzalischer Sitte. Dort spielt die Natur herein zur thatsächlichen Bezeichnung der Jahreszeit, zur Bestimmung der Situation (16, 15), oder wenigstens geht Liebesfreude und Naturfreude Hand in Hand: hier (18, 17. 19, 7) wird die Natur mehr formelhaft in elegischer Weise verwendet zu den üblichen Contrasten mit den Erlebnissen des Herzens.

Dort hat die Liebe noch einen sinnlichen Charakter, und ungescheut tritt er hervor, ohne Umschreibung wird von umfangen halten (16, 4), heimlich im Arm liegen (17, 2 f.), Trost fürs Alleinliegen (16, 15 f.) geredet. Hier ist alles züchtig verhüllt, der Dichter wagt seine Wünsche nicht geradezu auszusprechen, wenn er es thäte, wäre er *dorpelich* und nicht *hovesch*, wie Heinrich von Veldeke 57, 6. 31. 34.

Jener ist ganz thatsächlich, dieser spinnt Gedanken aus. In der Syn- 27) tax des Regensburgers, leiten Pronomina die Rede *fort*, Personalia und Demonstrativ-Relativa; ausserdem temporale Bezeichnungen wie *für das* 16, 17; *sicenne* 16, 4. 17, 1 (letzteres allerdings nicht mehr rein temporal); *nu* 16, 23 (auch nicht rein temporal). Die verbindende Conjunction fehlt ganz: *und* 16, 12 ist keine.

Dagegen sind des Rietenburgers Gedichte voll Wenn und Aber, voll Motivirung, Gegensatz und Folgerung: *ob* 18, 3. 4. 19, 2; *sit* 18, 11. 14. 19, 7. 17. 27; *wan* 18, 15; *doch* 18, 20; *nwch* 19, 12; *so* 19, 9. 19. 30. Das verbindende *unde* ist ihm unentbehrlich, wenigstens vom dritten Liede an: 18, 18. 23. 28. 19, 21. 23. 29. 36. Die motivirende Redeweise wird ihm vollständig zur Manier, die drei letzten Gedichte (V—VII) fangen sämmtlich mit *sit* an. Und ein Schema des Anfangs stellt sich fest, etwa so: Vordersatz mit *sit*, hierauf ein Satz von mehr oder weniger parenthetischem Charakter, dann Nachsatz mit *so*. Im letzten Gedichte dies noch etwas erweitert, im vierten schon vorbereitet: da ist wenigstens der parenthetische Satz bereits vorhanden 18, 26. Zu dem *das* als Einleitung des Aussagesatzes (Regensburg 17, 2; Rietenburg 18, 5. 19, 3) tritt hier das gewähltere *wie* mit dem Conjunctiv 18, 27.

Das Vergleichen der Geliebten mit Anderen, so dass sie vorgezogen und über Alle erhoben wird, kommt dem Regensburger gar nicht in den Sinn: beim Rietenburger gleich zu Anfang 18, 5 (I). Aber verglichen wird bei ihm noch mehr: jetzt und früher II. 18, 10.. III. 18, 19. Hypothetisch IV. 19, 3. 5 *ê-ê*. Die anderen fröhlich, er traurig V. 19, 7 ff (*alsô* 19, 10). Bildliche Vergleichung mit dem Golde im Feuer und Vergleichung des späteren Zustandes dieses Goldes mit dem früheren VI. 19, 22. 25 f. Und wieder am Schluss hypothetisch *senfter danne* VII. 19. 34 ff. Die Methode der Comparation, bald so, bald so gewendet, geht mithin durch alle seine Gedichte.

Geistreiches und Gelehrtes, wie Folgerungen aus der bekannten Natur der Liebe (18, 25 ff.), Anwendung biblischer Gedanken (19, 17 f.), Schönheit und Güte dargestellt als wegzuräumende Hindernisse des Scheidens (19, 27 ff.) u. dgl., auch Wort- und Reimkünste wie 18, 14 *frô—fröuden rîch: fröuwen mich*, sind dem älteren Dichter noch durchaus fremd, dessen vier 28) Strophen wir nur bestimmt finden, das Liebesverhältnis nach aussen zu vertreten: Anknüpfung, Fortschritt, innere Entwicklung, das alles entgeht uns und hat ihn zu Liedern nicht begeistert.

Solche Beobachtungen liessen sich noch weiter ausdehnen, wenn nicht das allzu geringe Material davor warnte.

Zu überschlagenden Reimen konnte ein und derselbe Dichter wohl übergehen, er konnte klingenden Reim einführen, er konnte die Waisenform aufgeben, auch dreitheiligen Strophenbau und freiere Bemessung der Verslänge versuchen.

Ebenso wenig entscheiden die Reime. Beim Regensburger ist die erste Strophe rein, sonst geht die Ungenauigkeit durch, *erwelt : went, wip : sumerzit, wê : entstên*. Beim Rietenburger, wenn es kein Zufall ist, werden die zwei letzten Gedichte ganz rein, und die ungenauen Reime wie *liep : niet* 18, 5 f. *singen : gedinge* 18, 19 f. *tröst : erkôs : lôs* 18, 26. 28. 19, 1. *wip : lip : zit* 19, 4— 6. *zit : lip* 19, 7. 9 verschwinden.

Seltsamer wäre es, und eigentlich unmöglich, dass er sich früher den Hiatus versagt, später aber gestattet haben sollte. Die Gedichte des Rietenburgers bieten so ziemlich alle möglichen Arten. Ausl schwaches *e* vor Vocalanlaut: *mêre alliu* 19, 4; *schœne unde* 19, 29. (Den noch stärkeren Fall *nahtegale ist* 18, 17 wollen wir ihm nicht mit Bartsch gegen die Überlieferung aufbürden.) Umgekehrt, schwaches *e* im Anlaut nach kurzem Vocal: *si erbarmen* 19, 2; nach langem Vocal: *nâ endarf* 18, 1; *nie erkôs* 18,·28. Volle tönende Vocale, mit Möglichkeit der Verschmelzung: *die ich* 18, 19; ohne diese Möglichkeit *é ir* 19, 5; *si iemen* 18,·5. Beim Regensburger nichts der Art.

Und jener Übergang zu grösserer Strenge wäre um so seltsamer, als derselbe Dichter sich auch in Bezug auf das Fehlen der Senkungen im Laufe seiner Entwicklung grössere Freiheit gestattet haben müsste. Der Regensburger hat nur ganz leichte Fälle 16, 19 *merkœre*; 17, 2 *gûetlichen*, wofür sogar *gûetelichen* möglich wäre;[1]) der Rietenburger die schwereren 19, 19 *gôldê gelich*; 18, 9 *gestûont mi̍n*, 17 *nahtegál ist*, 27 *sœlekéit wœre*. —

Die vier Strophen des Regensburgers sollen wie gesagt alle das Liebesverhältnis, dem sie entsprangen, nach aussen vertreten. Drei davon sind der Dame in den Mund gelegt. Besondere Zartheit oder Gefühlsweichheit tritt nirgends hervor. Auch kein Fortschritt in der Situation der Gedichte. Sie könnten sich alle auf einen Moment beziehen. Nur insofern ist die Ordnung von *C* planvoll, als der Anfang gemacht wird mit der simplen Erklärung der Frau, dass sie dem Ritter unterthan sei, und dann später die Vertheidigung dieses so declarirten Verhältnisses sich anschliesst, die Abweisung aller·Störung, aller Versuche, die Liebenden zu trennen.

Die Betonung der Treue (*stœte* 16, 1. 16, 10) und des Glückes im Genusse; die technische Bezeichnung *hôhe tragen den 'muot* für Liebesglück des Mannes, die Ansicht, dass hohe Vollkommenheit (*tugent*) den Mann (er ist *ritter* 16, 2. 24) der Welt angenehm mache und der Satz, dass ihm

---

1) Die Überlieferung bietet allerdings 16, 16 *wôl trô̍ste*. Wer Anstand nimmt, mit Lachmann *getrôste* zu schreiben, kann vielleicht mit Bartsch *wôle* setzen. Und 16, 22 ist das überlieferte *wirt niemér gesunt* unmöglich, Lachmanns *wirdet niemer mê* bietet sich von selbst; und auch *wirdet niemêr* wäre immer noch leichter als die Fälle beim Rietenburger. ·

hieraus Anspruch auf Glück erwachse; die Auffassung der weiblichen Gunst als einer ·Arznei, wodurch eine Herzenswunde geheilt werde, — aber noch keineswegs eine Wunde, welche Liebestrauer schlägt, sondern der Zorn über die ,Merker': selbst der Liebeskummer der Frau (17, 4 *senede*) entspringt nur aus der Entbehrung des Genusses oder aus der Furcht ihn entbehren zu müssen: — all dies sind weitere charakteristische Züge, welche das Bild des Regensburgers und seiner Gedichte vervollständigen.

Merkwürdig erinnert die zweite Strophe an Meinlohs zehnte. Es ist derselbe Gedankengang mit der analogen Schlusswendung: *und lagen si cor leide tôt* wie dort *sterchens ûz ir ougen.*

Von den Tönen ist der erste höchst einfach, die vierzeilige Reimstrophe durch stumpfe (doch gibt die Überlieferung 16, 1 *state* statt Lachmanns *statekeit*) viermal gehobene Waisen vor der ersten, zweiten, vierten Zeile erweitert. Der durchweg iambische Gang ist wohl Zufall? Ein ungenannter genau reimender Dichter (*tach* : *ungemach* war ohne Zweifel seiner Mundart gemäss) hat diesen Ton benutzt, Carm. Bur. S. 228 (Bartsch 30) Liederdichter S. 287), und da beginnt auch nur die dritte Reimzeile ohne Auftact:

> *Der al der werlt ein meister sî*
> *der gebe der lieben guoten tach,*
> *von der ich wol getrœstet pin.*
> *si hât mir al mîn ungemach*
> *mit ir güete gar benomen.*
> *unstœte hât si mir erwert:*
> *ih pins an ir genâde komen.*

Der zweite Ton des Regensburgers geht ebenfalls von der regelmässigen vierzeiligen Reimstrophe aus, die Waisen sind überall vorgeschoben, aber sämmtlich klingend im Gegensatz zum stumpfen Endreim. Die dritte Waise mit der dritten Reimzeile ist einer dritten Nibelungen-Langzeile gleich, die erste und zweite Reimzeile aber hat die vier Hebungen behalten, die vierte Waise und die vierte Reimzeile sind auf je fünf Hebungen gebracht. Also:

3 Heb. klingend.	4 Heb. stumpf *a*.
3 Heb. klingend.	4 Heb. stumpf *a*.
3 Heb. klingend.	3 Heb. stumpf *b*.
5 Heb. klingend.	5 Heb. stumpf *b*.

Zweisilbige stumpfe Reime wie *voten* : *guoten* der Nib. begegnen hier nicht mehr.

Zweisilbigen Auftact schafft Lachmann durch die leichte und wohl unbedenkliche Änderung von *einem* 16, 2 in *ein* weg.

§. 5.

Der Burggraf von Rietenburg.

In seinen Tönen macht er sich die auf drei Hebungen verkürzten
stumpfen Zeilen zu nutze (19, 11 f. 15 f. 21 f. 25 f.). Er verwendet ferner
vier Hebungen klingend, also den eigentlich klingenden Reim mit der
überklingenden schwachen Silbe. Er gebraucht drei Reime am Schluss der
Strophe (19, 4—6): s. Deutsche Studien 1, 338.

31)   Das kleine Liederbuch ist wohl chronologisch geordnet. Das ergibt
sich schon aus den §. 4 mitgetheilten Stylbeobachtungen: man sieht, wie
der Dichter seine eigene Manier findet und ausbildet.

Zuerst scheint ihm sein Geschlechtsgenosse, der Burggraf von Regensburg, als Muster vorzuschweben. Der Vertretung nach aussen sind die
beiden ersten Strophen gewidmet. Wie bei jenem erfahren wir nichts über
die Anknüpfung des Verhältnisses. Wie jener lässt er gleich die Dame
ihre unverbrüchliche Treue aussprechen, die Einreden Anderer sollen sie
nicht hindern, an ihm Gefallen zu finden. Er seinerseits fürchtet keine
Drohungen. Denn die Dame will, dass er sei froh (18, 14), wie die Geliebte
des Regensburgers erklärt hat, *er mac wol hôhe tragen den muot* (16, 7).

Auch der Rietenburger also geht von einer innerlich glücklichen und
befriedigenden, nur äusserlich angefeindeten und bedrohten Situation aus.
Er hat sich die Huld der Dame verdient. Aber bald sehen wir, dass diese
Huld ihm nur in sehr beschränktem Masse zu Theil geworden, in weit
beschränkterem als seinem glücklicheren Vorgänger. Es ist nur eine Hoffnung auf Gewährung, die ihn über den Winter hinweg tragen soll (18, 20),
um deren willen er ihr treuen Dienst bewahrt. Aber seine Wünsche gehen
höher, und eine innere Entwicklung ist eingeleitet, die wir verfolgen
können, worin uns der Dichter in Selbstgesprächen seinen Zustand darlegt.
Aus dem Sinne, im Namen der Dame, hat er keine Strophe mehr verfasst,
auch keine an sie unmittelbar gerichtet.

Die ersten beiden Strophen fallen in den Sommer, die dritte in den
Anfang des Winters. Mit der vierten beginnt ein neuer Ton und eine
neue Situation.

Noch sucht der Dichter seine Hoffnung aufrecht zu halten, aber die
Ahnung von Trauer und Sorge, die er nicht los werden würde, die Ahnung
ihrer Erbarmungslosigkeit ist ihm doch nahe getreten, künstlich muss er
sie abwehren von seinem Herzen. Die Versicherung seiner fortdauernden
Liebe soll ihm ihre Gnade gewinnen. Die Strophe fällt ohne Zweifel in
den Winter.

In der fünften (19, 7), wieder mit neuem Ton, hat sich die Zeit ver-
wandelt, Alles ist froh, der Dichter soll es auch sein, obgleich er traurig
32) ist. Aber noch hat er Hoffnung, seinen Sang zu erneuen. Der Winter hat
nur leider allzulang gewährt. — Der Verfasser benutzt den conventionellen

Parallelismus zwischen Singen Glücklichsein Sommer, zwischen Trauer Unglücklichsein Winter zu indirectem Ausdruck des Gedankens: ich hoffe noch auf Glück, nur hat mein Unglück allzulang gewährt. In demselben sucht er sich VI (19, 17) über die Hartherzigkeit der Geliebten zu trösten, indem er annimmt, sie wolle ihn nur auf die Probe stellen und dies ausführt mit Rücksicht auf Hiob 23, 10 *et probarit me quasi aurum quod per ignem transit.* Die Theorie von der moralischen Vervollkommnung durch Liebe, speciell durch Liebesleid, tritt hier zuerst auf innerhalb der mittelhochdeutschen Lyrik, und wir sehen sie entstehen mit Anlehnung an christliche Begriffe.

Aber die absichtliche Selbsttäuschung kann nicht länger vorhalten. Sie will, dass er sie verlasse, wenigstens thut sie so. In einem neuen Tone (19, 27) nimmt er Abschied. Dem Wortlaute nach muss es nicht nothwendig ein Abschied sein — ja die Wendung in der dritten und vierten Zeile deutet auf das Gegentheil hin — aber es war wohl thatsächlich so. Das Liederbuch bricht mit den Worten ab: ,Lieber möchte ich sterben, als dass ich ihr *diene ril* und sie davon nichts wissen will.'

> *Sit si wil deich con ir scheide,*
> *dem si dicke tuot gelich,*
> *ir schœne unde ir gücte beide*
> *die lâze si, sô kêre ich mich.*
> *swar ich danne landes car,*
> *ir lîp der hœhste got bewar.*
> *mîn herze erkôs mir dise nôt.*
> *senfter kœre mir der tôt*
> *danne deich ir diene ril*
> *und si des niht wizzen wil.*

Dr. Pfaff in Buchsweiler bemerkt in einer mir handschriftlich vorliegenden Arbeit über Rudolf von Fenis: ,Soll der Burggraf von Rietenburg den Folquet von Marseille benutzt haben, weil er wie dieser einmal sagt, er wolle sich dann erst von seiner Herrin scheiden, wenn diese sich [33] von Schönheit und Anmuth scheide (MF. 19, 27 ff. und Mahn Werke der Troubadours L 329, 8 ff. = Rayn. III. 149 f.)?' Vergl. schon Diez Poesie der Troub. S. 266. Die Strophe Folquets lautet:

> *Pero si us plutz qu'en autra part me vire,*
> *Partetz de vos la beutat e'l dous rire,*
> *E'l gai solas que m'afolleis mos sen,*
> *Pueis partir m'ai de vos, mon escien*
> *Tan m'abellis.*

Es ist freilich ein allgemeines Element in diesem Gedanken, das sich bei Liebesreflexion leicht einfindet, wie denn z. B. Rousseau in dem ersten

Briefe der Nouvelle Héloïse seinen Saint-Preux an Julie schreiben lässt: *Oui, je promets, je jure de faire de mon côté tous mes efforts pour recourrer ma raison, ou concentrer au fond de mon âme le trouble que j'y sens naître: mais, par pitié, détournez de moi ces yeux si doux qui me donnent la mort; dérobez aux miens vos traits, votre air, vos bras, vos mains, vos blonds cheveux, vos gestes; trompez l'avide imprudence de mes regards; retenez cette voix touchante qu'on n'entend point sans émotion: soyez, hélas! une autre que vous-même, pour que mon coeur puisse revenir à lui.*

Dennoch möchte ich jene Frage von Dr. Pfaff mit Ja beantworten: wenn nur die äussere Möglichkeit dazu vorhanden ist. Folquet dichtete nach Diez 1180—1195. Da müsste jenes Lied eines der ältesten und sehr rasch verbreitet sein. Wenn es im Allgemeinen feststeht, dass die reflectirende Lyrik aus Südfrankreich nach Deutschland gekommen ist, und wenn einer der ältesten deutschen reflectirenden Lyriker einen Gedanken vorbringt, den wir in südfranzösischer Lyrik nachweisen können, so ist die Wahrscheinlichkeit doch sehr gross. dass er ihn von dort entlehnt hat. Zweifelhaft bleibt nur, ob wirklich Folquet ihn zuerst gebrauchte.

Die Strophe des Rietenburgers hat unzweifelhaft Nachahmung gefunden bei Hildbold von Schwangau (*C* 15: MS. 1, 144*; HMS. 1, 281):

> *Wil si daz ich von ir scheide den muot*
> *unde min herze von ir minne kêre,*
> *só sol si lâzen ir schœne und ir êre.*
> *ob si der beider verzihen wil sich,*
> *dâ mite mac si von ir scheiden mich.*
> *swar só daz kêret, só muoz ich belíben*
> *unde iemer dienen dar vor allen wíben.*
> *wœre der schœnen min dienest só leit*
> *als si nu lange mir hât geseit,*
> *só möhte si mich wol von ir vertríben.*

Blicken wir zurück auf die sieben betrachteten Strophen. Ein ganz bestimmtes Charakterbild des Dichters erhebt sich vor uns. Er ist ein sanguinischer Optimist. Er sucht sich sein Unglück so lange zurecht zu legen, als es irgend geht. Er deutet seine traurigen Erlebnisse so lange ins Milde um, bis er ganz unzweideutige Beweise vom Gegentheil bekommt und ihm keine Ausflucht mehr übrig bleibt. Tiefgehender Schmerz ist nicht vorhanden. Er nimmt Abschied mit dem Gedanken: ich werde ewig an dich gefesselt bleiben.

Die Sitte des Frauendienstes hat bei unserem Dichter ihren zweiten Beleg. Den ersten gewährte uns Meinloh. An seine Doppelreime wie 13, 6. 8 erinnert hier *frönden rîch: frönwen mich* 18, 15. 16.

Das Vorbild des älteren Regensburgers haben wir bereits erkannt.
Ausserdem mein, man zu bemerken, dass der Verfasser aus epischen
Dichtern gelernt habe: 18, 25 beginnt wie eine epische Erzählung *ich hörte*
wellent sagen ein mere. und in 19, 24 *swaz ich singe, daz ist wâr,* erkennen
wir die Versicherungsformel epischer Erzähler, übrigens auch Spervogels
22, 2. 23. 23.

Dass er auch der biblischen Bildung Eingang gestattet in den Stoff
und Anschauungskreis seiner Poesie, das ergibt der Vergleich mit der
Läuterung durch Feuer 19, 17 ff.

Daneben hat er noch seine ganz individuelle Bedeutung. Er ist der
erste in Deutschland, der unglückliche Liebe als ein poetisches Motiv
empfindet. Die spätere conventionelle Situation eines Liebhabers, den die
Dame schmachten lässt, tritt uns hier zum ersten Male entgegen. Auch die
Sprödigkeit der Damen hat ihre Tradition in dem höfischen Leben des 35)
Mittelalters. Die Sitte hat daran mindestens ebensoviel Antheil wie die
Sittlichkeit. .

§. 6.

Spervogel.

, In der ersten dieser Studien habe ich nachzuweisen gesucht, dass wir
drei Dichter unterscheiden müssen:

Erstens einen älteren Dichter, dessen Namen wir nicht kennen,
Verfasser des zweiten Tones 25, 13—30, 33. Seine Gedichte sind systematisch geordnet in Gruppen zu fünf Strophen.

Zweitens Spervogel, den Verfasser des ersten Tones MF. 20,
1—25, 12: woraus nur Strophe 20, 17—24 auszuscheiden ist, worin Spervogel citirt wird.

Drittens den jungen Spervogel, Verfasser der vier Strophen S. 242 f.,
Z. 1—48, und vielleicht noch anderer im Anhang zum Heidelberger Freidank (Deutsche Studien 1, 32).

Was die Überlieferung anlangt, so gab sich als Grundlage von *AC*
ein Liederbuch zu erkennen, das ich S. 25 ziemlich genau reconstruiren
konnte. Es umfasste alle drei genannten Dichter.

Die Jenaer Handschrift, sachlich geordnet, gewährt nur Strophen
Spervogels.

Spuren einer dritten Handschrift schienen sich S. 50 zu ergeben,
worin die Sprüche des Anonymus ebenso geordnet waren, wie in unserer
Überlieferung: aber die Sprüche Spervogels gingen nicht voraus, sondern
folgten nach.

Dazu kommt für den jungen Spervogel die Kolmarer Handschrift,
welche seine beiden ersten Strophen in derselben Ordnung wie *AC* und
ihnen vorausgeschickt noch eine dritte (*Schâchzabel wart vor Troie erdâht*)

enthält, über deren Echtheit ich nicht entscheide. Dazu die Überschrift: *Dysz ist dez jungen Stollen getichte und hat nit geticht dann dyse dru par darnach starp er wie er sturbe daz ste zu gotte.* Wir werden der älteren, dem Dichter näheren Überlieferung höheren Glauben beimessen und daher den jungen Stollen hier ohne Bedenken wieder in den jungen Spervogel verwandeln. Meine Ansicht, dass wir einen Spielmann dieses Namens wirklich statuiren müssen, bestätigt sich dadurch. Der Name Spervogel ist der Kolmarer Handschrift gänzlich unbekannt geworden, die Tradition der Meistersinger vergass ihn, während der Name Stolle noch lange lebendig blieb. Bartsch S. 73. 168. 523.

86,

Das Citat eines Spervogelschen Gedichtes mit Lesarten, die zu der He. *C* stimmen, aus der Zimmerischen Chronik, wurde Deutsche Studien 1, 355 beigebracht.

In dem Münchener Cod. lat. 4612 in 4⁰, Gedichte des vierzehnten Jahrhunderts enthaltend, steht (nach Steinmeyers Mittheilung) Fol. 46ᵇ in nicht abgesetzten Verszeilen:

> *Swer ze holz get spëren so der sne zergat*
> *vū sihet sinen gilen rrirnt do er cheinen hat.*
> *vū charfet rngesehens vil.*
> *rnde haltet gar rerlornic spil*
> *rnd dienet einem boesem man*
> *daz an lon beleibet*
> *dem wirt wol affterriwe chent*
> *ob erz die lenge tribet.*

Das ist wieder Spervogel, MF. 21, 13—20.

Aus dem im MF. gleich folgenden Gedichte 21, 21 *Swer lange dienet dâ man dienstes niht verstât,* ist wohl MF. 172, 30 geschöpft: *Swer dienet dâ mans niht verstât, der verliuset al sîn arebeit.*

Die Melodie des echten Tones Spervogels ist bekanntlich in der Jenaer Handschrift erhalten (HMS. 4, 790) und bei Liliencron-Stade Lieder und Sprüche aus der letzten Zeit des Minnesanges S. 28 vierstimmig bearbeitet. Liliencron hat sie in der Vorrede S. 8 Note näher charakterisirt, wie folgt: ‚Der Spervogelsche Spruch gehört zu den ausnahmsweise zweitheiligen Strophengattungen: man kann aber kaum sagen, dass er melodisch wesentlich von den dreitheiligen abweicht. Auch hier folgt dem ersten Theil „Tritt ein reines — Sittsamkeit" zunächst ein zweiter („dass ihr — Sonne gleicht"), der zwar dem ersten nicht gleich ist, aber sich an ihn durch Wiederholungen aus seiner Melodie auf das engste anschliesst. Dann folgt mit einer auch harmonisch neuen Wendung der dritte Theil, der endlich von „kein Aug' erfreut" an wieder in die Periode des ersten Theiles zurückkehrt.'

Liliencron citirt seine Übersetzung des Gedichtes MF. 24, 1. Er [37] erstreckt also den ersten Theil auf das erste Reimpaar. Das folgende Reimpaar wäre der zweite Theil. Und im dritten Theil soll von Z. 7 an die ‚Periode‘ des ersten Theiles zurückkehren.

Diese Rückkehr der Melodie aber ist nur ein ziemlich vager Anklang, auf den ich kein Gewicht legen möchte; es liesse sich noch mehr dergleichen namhaft machen. Wichtiger und nicht blos für die Beurtheilung der Spervogelschen Strophe wichtig scheint mir zu beachten, dass eine eigentliche Wiederholung der Melodie nur einmal vorkommt. Z. 2 von der dritten Hebung an und Z. 3 haben genau dieselbe Melodie merkwürdigerweise eine Wendung, die, wie mich Jacobsthal belehrt, genau ebenso als zweite Zeile in der gebräuchlicheren Melodie des Chorals ‚Vom Himmel hoch da komm ich her‘ (vgl. z. B. Winterfeld Bd. I Notenbell. Nr. 122) gefunden wird. Vom Standpunkte der Metrik aus würde man ein näheres Verhältnis gerade dieser beiden Partien der Strophe nimmermehr errathen.

§. 7.

Dietmar von Aist und das Tagelied.

Wir haben in der Überlieferung zu unterscheiden:

Erstens was die Handschriften B und C gemeinschaftlich bieten, womit die Sammlung in C eröffnet wird und was daher den Bestand Dietmarischer Lieder in der grossen Sammlung des XIII. Jahrhunderts ausmachte. Ich nenne dies das erste Liederbuch Dietmars von Aist und begreuze seinen Umfang auf MF. 32, 1—35, 31. Es sind die Strophen 1—16 B, 1—11. 14—18 C. Gerade die erste Strophe bieten auch die Carmina Burana. Die Strophen 12. 13 C gehören da nicht hin, sie sind viel alterthümlicher als ihre Umgebung, ein Blatt, das sie enthielt, muss in die Quelle von C an der Stelle eingelegt und dann mit abgeschrieben sein. Über die Vermehrungen nach 16 B, 18 C s. unten.

Zweitens die andere Quelle von C, das zweite Liederbuch Dietmars, 24—37 C, MF. 36, 34—37, 3; 37, 30—40, 18, wieder mit einem unechten Anhange.

Das zweite Liederbuch ist jünger als das erste, denn dieses weiss [38] nichts vom Frauendienst, jenes beruht bestimmt darauf 38, 2. 31. 39, 10. 13. Das zweite Liederbuch ist chronologisch geordnet wie Meinlohs und des Rietenburgers; in dem ersten vermag ich eine solche Ordnung nicht zu entdecken. Wenn wir nicht innere Gründe finden, welche einen Altersunterschied ergeben, so müssen wir auf alle Chronologie verzichten. Die Anhaltspunkte sind gering und schwach, aber Dietmar ist eine Übergangsgestalt und da wird auch das Geringere bedeutsam. Auf die Gefahr hin,

zu viel zu beobachten, muss man doch Alles beobachten, um sich nicht
den leisesten Unterschied entgehen zu lassen. ·
Den zweiten Ton 32, 13 ff. halte ich für den ältesten. Ein zweisilbiger
stumpfer Reim wie *mtnné : singén* 32, 17 f. kommt später nicht wieder vor,
auch keine Ungenauigkeit wie *wîbe : mîde.* Die Waise ist hier und im dritten
Ton 33, 15 ff. niemals klingend, aber *édelé* 32, 21; *ôené* 34, 3 sind stumpfe
Ausgänge, und auch zwei verschleifte Silben auf der vierten Hebung kommen
vor 32, 13 *bote*; 33, 23 *gewesen*; 33, 31 *frumen.* Bei· späterer Anwendung
der Waise ist der Dichter streng consequent: in dem Tone 34, 19 ff. stumpf
verschleift (34, 28. 35, 3); in dem Tone 36, 34, der nur aus einer Strophe
besteht, klingend; in dem Tone 37, 30 ff. stumpf einsilbig. ·   ·
Das Schema des zweiten Tones stellt sich so dar:

> 4 stumpf Waise. 3 klingend *a.*
> 4 stumpf Waise. 4 klingend *a.*
> 4 stumpf *b.*
> 4 stumpf *b.*
> 5 stumpf *c.*
> 5 stumpf *c.*

Die.Strophe kann aufgefasst werden als eine Übergangsbildung vom
zweiten Spervogelton (Ton des Anonymus) zum ersten: nur dass die Folge
der Reimpaare umgekehrt und die Verlängerung einzelner Zeilen gemässigt
wäre. Das erste Reimpaar vergleichbar dem Schlusse jener Metra, die
beiden Waisen wie im ersten Spervogelton, das Verhältnis der klingenden
Reimzeilen 3 : 4 wie im zweiten Spervogelton 3 : 5. Das zweite Reimpaar
ganz regulär wie in beiden Spervogeltönen. Das dritte vergleichbar dem
39) ersten des ersten Spervogeltones, nur mit Verlängerung nicht auf 6, sondern auf 5 Hebungen.

Dietmars dritter Ton ist ganz einfach gebaut: vierzeilige Reimstrophe
mit eingeschobener Waise vor jedem Verse; vergleichbar den Tönen Meinlohs, nur dass die Zahl der Zeilen nicht stimmt und das Verhältnis der
Waisenausgänge zu den Reimen anders und strenger geordnet ist.

Zunächst steht wohl der fünfte Ton 35, 16 ff. Es ist der dritte mit
streng einsilbig stumpfen Reimzeilen statt der Waisen, d. h. also mit überschlagenden Reimen (zu denen hiermit Dietmar übergeht), sämmtliche
Verse iambisch. Und während bis dahin sich niemals im Reime zwei verschleifte Silben fanden, so treten sie hier in der zweiten Strophe systematisch auf in der 2. 4. 6. 8. Zeile. Denselben Ton verwendet Veldeke
67, 9 und 65, 13; und Heinrich von Rugge 103, 3. Auch bei Rugge sind
die Verse streng iambisch, er hat Verschleifung nur einmal 103, 19. 21.
aber in den ehemaligen Waisen, wenn ich mich des Ausdruckes bedienen
darf, in der ersten und dritten Zeile einer Strophe. Bei Veldeke fehlt die
Verschleifung natürlich ganz. ·

Ist hier ein Ton Veldekes benutzt worden? Veldeke verwendet ihn zuerst (65, 13) bald nach seiner Rückkehr in die Heimat, falls meine Ansichten hierüber richtig sind (s. §. 9), und zwar noch ganz überwiegend mit trochäischem Rhythmus, nur die siebente Zeile hat Auftact. Und dann wieder, etwa drei Jahre später, am Schlusse seines Liederbuches (67, 9—24), nun überwiegend mit iambischen Versen. Hat Dietmar die Regel strenger gemacht und den Ton so auf Rugge übertragen? Aber können nicht umgekehrt Veldekes Gedichte eine unvollkommene ungenaue Nachahmung sein? Dies ist meine Meinung. Die Entstehung des Dietmarschen Tones liegt uns vor Augen. Was bei Meinloh wie zufällig geschah und sich manchmal von selbst ergab, dass die vorgeschobenen Zeilen gereimt wurden, das hat er mit Bewusstsein gethan und durchgeführt.

Die beiden Strophen 35, 16—23 und 35, 24—31 verhalten sich zu einander wie die beiden Veldekeschen S. 67. In der ersten redet der Mann, in der zweiten die Dame. Und die je ersten Strophen bieten Berührungen, 40) welche das Verhältnis wohl unzweifelhaft machen. Dietmar sagt:

> *Der winter warre mir ein zit*
> *so rehte wunnecliche guot,*
> *wurd ich so sælic daz ein wip*
> *getröste mînen seneden muot.*
> *so wol mich danne langer naht,*
> *gelæge ich als ich willen hân!*
> *si hât mich in ein trûren brâht*
> *des ich mich niht gemâzen kan.*

Es ist klar, dass Veldeke hierauf erwidert, indem er die entgegengesetzte Ansicht ausspricht:

> *Swenn diu zit alsô gestât*
> *daz uns kumt bluomen unde gras,*
> *so mac sin alles werden rât*
> *dâ von mîn herze trûric was.*
> *des creweten sich diu vogelkîn,*
> *wurde iemer sumer als ê.*
> *lât die welt mîn eigen sîn,*
> *mir tæte ie doch der winter wol.*

Dietmars Gedicht, Wort und Weise, war wohl auch sonst berühmt. Reinmar wiederholt daraus in ähnlichem Gedankengange den Vers *owol mich danne langer naht* (156, 25). Rugge, der auch später noch an Dietmar erinnert (vergl. 101, 15 *got hât mir armen ze leide getân daz er ein wip ie geschuof alsô guote*; *solt ichn erbarmen, sô het erz getân* mit Dietm. 32, 12 *wes lie si got mir armen man ze kâle werden*), leitet mit dem Tone sein erstes

Liederbuch ein. Und ein namenloser Dichter oder eine Dichterin verfasste darin das Liedchen *Sirer méret die gewizzen min* (35, 32), worüber unten. — Die Strophen eines jeden Tones sind bei Dietmar wohl chronologisch geordnet. Aber jeder Ton scheint einem besonderen Liebesverhältnisse zu gelten, in der jeweiligen letzten Strophe klagt die Dame über Vernachlässigung. Ist dies jedesmal der Ausdruck seiner Bekehrung und eine Art
41) Selbstanklage? Aber er sagt selbst 35, 5: *ich hân der frowen vil verlân, dâ ich niht herzeliebe vinden kunde.* Der Dichter wechselt wohl die Orte und die Mädchen.

Zweiter Ton. 32, 13. Das Verhältnis besteht. Die Liebenden sind getrennt. Die Dame hat dem Dichter einen Boten gesandt, der hier seine Antwort empfängt: Die Trennung thut dem Dichter ohne Mass weh, das Singen der Vögel kann ihn nicht entschädigen, sein ganzes Herz ist traurig. Von vorneherein also Weichheit der Empfindung wie bei Meinloh und Rietenburg.

32, 21. Wieder Botschaft der Frau. Antwort auf das vorige: der Ritter möge nicht traurig sein; sie freilich habe viel zu leiden und möchte es ihm gerne persönlich klagen.

33, 7. Ich glaube, diese Strophe bekommt ihren prägnanten Sinn erst, wenn man sie der Dame in den Mund legt. Die Entfernung hat ihr den Dichter entfremdet trotz seinen Versicherungen. Ihm ist irgend etwas Übles von ihr berichtet, und er hat dies zum Vorwand genommen, um sie zu verlassen. ‚Keine Frau kann es aller Welt recht machen, das habe ich erfahren. Wer deshalb seine Geliebte verlässt, der hat kein edles Herz. Dem sei für seine Unbeständigkeit der Sommer und alles Gute aberkannt.'

Dritter Ton. 33, 15. Ein Jahr später. Der Winter ist vorbei. Die Strophe spricht fast reines Naturgefühl aus, nur am Schlusse: viele Herzen freuen sich darüber, auch das meinige hofft.

33, 23. Directe Werbung. Der Dichter behauptet, der Dame lange *holt* gewesen zu sein. Das habe ihn besser gemacht — wieder der Gedanke der Veredlung durch die Liebe! (*getiuret* 33, 26 wie bei Meinloh 11, 7) — aber nun möge es ihm auch zum Glücke gereichen, die Frau möge *daz ende guot machen.*

Dieses Ziel seiner Wünsche hat der Dichter wohl erreicht. Denn in der nächsten Strophe 33, 31 muss er schon den Vorwurf der Vernachlässigung abzuwehren suchen: ‚Wer *biderbe* und *frum* ist (wie ich), den soll man zu allen Zeiten (und unter allen Umständen) lieb behalten: (ich will mich nicht weiter rühmen, denn) wer sich allzuviel rühmt, der versteht die *besten mâze* nicht. Aber ein höfischer Mann soll es nicht allen
42) Frauen recht machen. Wer darin allzuviel thut, der bleibt nicht sein eigener Herr.' Mit anderen Worten: er verlangt, die Dame solle ihn lieb behalten, auch wenn er es ihr nicht immer recht mache.

Diese Vernachlässigung fällt wohl in den Winter. Denn der neu beginnende Frühling ruft ihm seine alte Liebe ins Gedächtnis 34, 3 und die Dame selbst lässt er klagen über die lange Entfremdung während des Winters 34, 11.

Wenn wir in dem Metrum der beiden ältesten Töne uns an die Gnomik und Meinloh erinnert fühlten, so zeigt sich ein gewisser Zusammenhang mit der volksthümlichen Gnomik auch in der Vorliebe für Reflexionen wie 33, 7 ff. 33, 31 ff., die hier in ähnlicher Weise auftreten wie bei Meinloh, und deren verwickelterer Gang mit Auslassung vieler Zwischengedanken schon an Spervogel (nicht mehr den Anonymus) gemahnt. Die Dame heisst 33, 24 noch *biderbe unde guot* wie bei Meinloh; später wird sie *ein edeliu frouwe* genannt (38, 33. 39, 12). Und *biderbe* tritt in Str. 33, 31 neben dem moderneren *hövesch* auf.

Fünfter Ton, derselbe, dessen Einfluss auf Veldeke nachgewiesen wurde, 35, 16 kann sich nicht auf das vorangegangene Verhältnis (des dritten Tones) beziehen oder wenigstens nicht in jenen Winter fallen. Denn damals fühlte sich die Frau vernachlässigt. Hier klagt der Dichter über Hartherzigkeit, sein *trûren* gilt jetzt nicht der Trennung wie 32, 20, sondern es ist Liebessehnsucht. Auch hier muss er seinen Willen durchgesetzt und Trost für die langen Nächte gefunden haben. Denn auch hier ist er bald übersättigt und vernachlässigt die Geliebte, die ihm nicht zu zürnen vermag: so oft sie ihn wiedersieht, weiss er sie zu versöhnen. —

Einer höheren Stufe in der Entwicklung des Dichters gehören der erste und der vierte Ton an.

Der erste Ton hat Binnenreime, und dabei wird offenbar mit Bewusstsein zwischen reinen und unreinen Reimen geschieden und jeder Art ihre besondere Verwendung gegeben. Entweder sind die Binnenreime unrein (*schœne : krone*, *geliebe : schieden*) und die äusseren Reime streng: so in den beiden ersten Strophen. Oder umgekehrt wie in der dritten: unreine Endreime *niet : liep*, *sterben : werden* bei reinen inneren *stât : rât*.

Aber noch nicht genug der Künstelei. Im ersten Reimpaar hat jede [43] Zeile acht Hebungen stumpf, überlange Zeilen zum Anfang wie im ersten Spervogelton. Man kann etwa sagen: Waise und Reimzeile sind in einen Langvers zusammengezogen. In der dritten Zeile hat der Verfasser entschieden Silben gezählt, denn es steht entweder (so 32, 3 und 32, 7)

$$\smile\underset{!}{\smile}\,\underset{!}{\smile}\,\underset{!}{\smile}\,\smile\;|\;\underset{!}{\smile}\,\underset{!}{\smile}\,\underset{!}{\smile}\,\smile\;|\,|\,\smile\,\underset{!}{\smile}\,\smile$$

oder (so 32, 11)

$$\smile\underset{!}{\smile}\,\underset{!}{\smile}\,\underset{!}{\smile}\,|\,\smile\,\underset{!}{\smile}\,\underset{!}{\smile}\,\underset{!}{\smile}\,|\,|\,\smile\,\underset{!}{\smile}\,\smile$$

Im Ganzen also zehn Hebungen klingend, worauf in der vierten Zeile sechs Hebungen klingend reimen.

So hat wenigstens Lachmann den Ton dargestellt. Bartsch (Deutsche Liederdichter S. 4 und 308) bezeichnet Cäsur nach der vierten Hebung der letzten Zeile, indem er bemerkt: ‚Die Cäsur nach der vierten Hebung,

die Lachmann nicht bezeichnet, folgt aus der lateinischen Nachbildung
(Carmina Burana S. 227) *amor est quam sentio* (: *vario*) *ad gaudia.*' Ich
setze die erste Strophe des lateinischen Gedichtes her:

> *Transit nix et glacies*
> *spirante favonio,*
> *terrae nitet facies*
> *ortu florum vario,*
> *et mihi materies*
> *amor est, quem sentio,*
> *ad gaudia.*
> *Refl. Temporis nos ammonet lascivia.*

Man wird auf den ersten Blick bemerken, dass die vierte Zeile des
deutschen Gedichtes dem Refrain des lateinischen entspricht, und man
wird auch die sechs Hebungen wieder erkennen, aber ohne Cäsur.

Dafür ergibt sich eine Cäsur in der ersten und zweiten Zeile, die
man freilich in den deutschen Text ungern einführen würde, weil in ähnlicher Weise wie in der dritten Zeile zwei Formen ohne Regel wechseln:

$$ /\smile/\smile/\smile/ \;|\; /\smile/\smile/\smile/ $$
$$ \text{und} \; /\smile/\smile/\smile/\smile/ \;|\; /\smile/\smile/\smile/ $$

Der lateinische Dichter hat sich an das erste Schema gehalten, nur
die zweite Vershälfte noch trochäisch gemacht.

44)   Die dritte deutsche Zeile findet sich genau wieder, nur dass das letzte
Melodiestück anderen Rhythmus bekommen hat: *wdn diu húote,* dagegen
ad gáudia (nicht *dd gaudía*). Ähnliches auch sonst, z. B. Carm. Bur. Nr.
166 *süeze frouice, guâde,* dagegen *ómnia súperat* (nicht *ómnid supérat*).

Auch in dem ersten Tone Dietmars ist der Rest einer Erinnerung an
das Schema der Spervogelweise nicht zu verkennen, wenn man z. B. von
der dritten Strophe 32, 9 ausgeht: *aabbcc,* wobei *a* und *b* stumpf, *c*
klingend; die Zeilen des ersten Reimpaares unter einander gleich und
ebenso die des zweiten, *aa* stark verlängert wie im ersten Spervogelton,
bb viermal gehoben; von dem klingenden Schlussreimpaar *cc* die erste Zeile
sehr kurz, um eine Hebung kürzer als beim Anonymus-Spervogel, die
zweite Zeile sehr lang, um eine Hebung länger als bei dem Anonymus.
Es ist aber zu beachten, dass jedenfalls 32, 3. 7 Verse von vier Hebungen
klingend ergeben und dass solche auch mehrfach herauskommen, wenn wir
die Cäsuren in den je ersten Reimpaaren annehmen.

In allen drei Strophen dieses Tones hat den Dichter der Gedanke
frappirt, dass man Liebe als eine Krankheit auffassen könne, wogegen es
eine Arznei geben müsse.

32, 1. ,Was hilft gegen die Sehnsucht, die ein Weib nach ihrem
Geliebten hat?' so sprach eine schöne Frau. ,Ich wollte die Arznei schon

kennen lernen, wäre ich nicht unter Aufsicht. Aber immer muss ich daran denken.'

32, 5. Ich lese *der beste frouwen tröst* und lege die erste Zeile dem Manne, die zweite der Dame in den Mund. Die Schlussreflexion kann dem Dichter selbst gehören. — ‚Man sagt, grosse Beständigkeit sei der beste Trost der Frauen.' ‚Das kann ich nicht glauben, sonst hätte ich ihn erfahren.' So redeten zwei Liebende beim Scheiden. Ach Minne, wenn man dich los werden könnte, das wäre das Gescheiteste.

32, 9. Der Dichter kann nicht schlafen, das kommt von einer schönen Frau, der er gern gefiele, auf der seine ganze Freude steht. Wie soll dem abgeholfen werden? Er meint zu sterben. ‚Warum hat sie Gott mir armen Mann zur Qual erschaffen?'

Man kann sich kaum denken, dass alle drei Situationen erlebt seien, wenigstens gewiss nicht in éinem Verhältnisse, die dritte widerspricht 45) geradezu den beiden ersten. Vielmehr ist Liebesschmerz oder Liebeskrankheit recht systematisch auf drei Fälle gebracht: die liebende Frau unter Zwang und Aufsicht; die Liebenden, die sich trennen müssen; der Liebhaber, der von der Geliebten hartherzig behandelt wird.

In ähnlicher Weise arbeitet er im vierten Tone den Trennungsschmerz durch. Aber während er im ersten Ton epische Bestimmtheit der Situation festhielt, vergleichbar den ältesten Liebesliedern des XII. Jahrhunderts, so spinnt er hier Gedanken aus in der Weise etwa Meinlohs von Seflingen, nur breiter und gewandter. *Ich trûre mit gedanken, niemen kan erwenden daz* (Meinloh 12, 29) ist sein Thema: *Gedanke die sint ledic frî, daz in der werlte nieman kan erwenden.* Wie Meinloh hält er sich in der Entfernung die Vorzüge (*tugende* 31, 34) der Geliebten vor, die ihr alle zugestehen (11, 3. 10. 12, 36 u. s. w.). Er hat viele Frauen verlassen, wo er die rechte Herzensfreude nicht finden konnte, wie Meinloh *ie welnde fuor*, bis er die Geliebte fand (11, 4). Vor allem aber beschäftigt ihn die körperliche Trennung und das geistige Angehören: es kommt noch nicht zu einem eigentlich zugespitzten Gegensatze wie etwa bei Hausen in dem bekannten Liede (47, 9) *Mîn herze und mîn lip diu wellent scheiden,* oder in dem älteren *Sich möhte wiser man verwüeten* (51, 29 *vert der lip in enelende, mîn herze belîbet doch aldâ*). Aber der Keim dazu ist vorhanden: das Herz ist ihr gegeben 34, 24; sie hat es ihm genommen 35, 3; ganz ihr eigen ist sein Leben 35, 15.

Merkwürdige Anklänge an Hausens Lied (43, 1) *Mich müet deich von der lieben dan* dürfen nicht übersehen werden: Dietmar 35, 9 *die ich ze liebe mir erkôs, sol ich der sô verteilet sîn* (34, 26 *sol ich von der gescheiden sîn*), seht, *des belîbe ich fröudelôs, und wirt an' mînen ougen schîn : . . 35, 3 si hât daz herze mir benomen; daz mir geschach von selbe ê nie.* Hausen 43, 12 *ich wæne an mir werde schîn daz ich von der gescheiden bin, die ich*

erkôs für ellin ielp . . . den ougen win muoz dicke schaden daz si sô rehte
habent erkorn . . . (43, 26) ze frönden muos ich urlop nemen; daz mir
dâ vor ê nie geschach.

Wie bei Meinloh und Hausen, so fehlt in den Strophen des ersten
46) und vierten Tones jede Hindeutung auf Natur und Jahreszeit. Von *dienest*
ist darin aber noch nicht die Rede, doch erklärt .sich der Dichter ihr
eigen (36, 15) und seine Leidenschaft sucht nach übertreibenden Äusserungen,
. er will sterben vor Sehnsucht 34, 27 f. 32, 11.

Das Metrum des vierten Tones zeigt Verwendung der Waise und des
überschlagenden Reimes unter einander und vielleicht dreitheiligen Bau.
Richtiger aber geht man wohl von der sechszeiligen Reimstrophe aus.
Denkt man sich darin das erste Reimpaar klingend wie im zweiten Ton,
jede Zeile dieses ersten Paares auf fünf Hebungen verlängert und dann
durchweg ausser vor dem fünften Verse Waisen vorgeschoben und diese
vor Z. 1. 2. 3. 4 durch stumpfe, viermal gehobene Reimzeilen ersetzt, so
hat man den überlieferten Ton.

Was nun in all den bisher behandelten Gedichten die Reinheit der
Reime anlangt, so bietet der zweite Ton 32, 14. 16 *irbe : mide*; 17 f.
minne : singen; 33, 8. 10 *dinge : inne*; der dritte nur 33, 32. 34 *liep : niet*;
der fünfte 35, 16. 18 *zît : irîp (a : â* rechne ich nicht); 25. 27 *vertragen :*
gehaben. Der erste Ton mit seinen Künsten steht für sich, der vierte hat
34, 20. 22 *ervenden : sende*; 35, 6. 8 *kunde : iunne.*

Das zweite Liederbuch ist blos in der Handschrift *C* überliefert,
welche alle Reime genau macht; die ungenauen können nur errathen
werden. Lachmann hat 39, 6 f. *zît : irîp,* 39, 31. 33 *ruome* ; *bluomen* hergestellt, dazu noch die keineswegs zweifellosen Vermuthungen zu 38, 33
(ranc : gewalt) und 39, 34 *(brach : nahî)* und die Reime des Tageliedes
39, 18 ff., worüber unten. Der Fortschritt in der Kunst wäre sichtlich.

Den Strophenbau im zweiten Liederbuche kann man zum Theil ohne
Zwang als dreitheilig auffassen, aber Sicherheit ist dabei nicht. Dagegen
erkennt man leicht in 36, 34 die vierzeilige, in den übrigen Tönen die
sechszeilige Reimstrophe als Grundlage mit den uns schon bekannten Er-
weiterungen: das erste Reimpaar gerne klingend oder die Zeile sonst
verlängert. Über den Ton des Tageliedes unten; die Schemata der
übrigen sind:

(36, 34) I   4 kl. *a.*   4 stumpf *b.*
             4 kl. *a.*   4 stumpf *b.*
             5 stumpf *c.*
             4 kl. Waise.   5 stumpf *c.*

47)—

(37, 30) II	4 stumpf *a.*	4 kl. *b.*
	4 stumpf *a.*	4 kl. *b.*
	4 stumpf *c.*	
	6 stumpf *c.*	
	4 stumpf *d.*	
	4 stumpf Waise.	4 stumpf *d.*
(38, 32) III	3 kl. Waise.	4 stumpf *a.*
	3 kl. Waise.	4 stumpf *a.*
	4 stumpf *b.*	
	4 stumpf *b.*	
	3 kl. Waise.	4 stumpf *c.*
	2 stumpf (Refr.)	4 stumpf *c.*
(39, 30) V	4 stumpf *a.*	3 kl. *b.*
	4 stumpf *a.*	3 kl. *b.*
	4 stumpf *e.*	
	4 stumpf *c.*	
	4 stumpf *d.*	
	4 stumpf *d.*	

Meine Darstellung des dritten Tones, welche von der im MF. abweicht, fordert Rechtfertigung. Ich habe im ersten, zweiten und fünften Vers Cäsuren angenommen, weil in Z. 39. 3 *ünde alsô*; 39, 12 *frouwe alsô* einen Hiatus ergeben würde. Dietmar hat keinen Hiatus: die eben angeführte Form, die man in der Regel allein als solchen ansieht, kommt gar nicht in Frage, sie mangelt durchaus. Vorhanden sind nur die Versanfänge *so al* 32, 9; *die ich* 34, 10. 35, 9; *da ist* 34, 21; *da ich* 35, 6; *diu ist* 38, 3; *nu ist* 38, 32: die Synäresis *diech* steht bei Dietmar 34, 22, und in den übrigen Fällen wird das schwach anlautende *ist* und *ich* ganz ebenso zu behandeln sein. Ob *so al* einsilbig werden kann, mag noch dahingestellt bleiben; ebenso 36, 35 *dar zuo ich dich.* Anerkennen muss man jedenfalls 36, 37 *nie unstaeten,* wo man nicht etwa *nien* setzen kann, wo aber auch weder schwacher Auslaut noch schwacher Anlaut vorhanden ist.

Es fragt sich nur, ob die oben angenommenen Cäsuren überall regelmässig wiederkehren, ob nicht wie im ersten Tone des ersten Liederbuches (wo uns die lateinische Nachbildung auf eine solche Annahme führte 48) und die Binnenreime zur Bestätigung dienten) die Stelle der Cäsur um eine Silbe verschoben werden kann, so dass die Waise zwischen drei Hebungen klingend und vier Hebungen stumpf schwankt. Dieses Letztere ist mehrfach das Natürlichere, und es ergäbe sich etwa das Gesetz: entweder Z. 1. 2 mit vier Hebungen stumpf und dann Z. 5 mit drei Hebungen klingend (so 38, 32 ff. 39, 4 ff.), oder umgekehrt Z. 1. 2 mit drei Hebungen klingend und dann Z. 5 mit vier Hebungen stumpf (so 39, 11 ff.)

Der erste Ton des zweiten Liederbuches, nur aus einem Gedichte bestehend (36, 34 ff.), ist die Liebeserklärung des Dichters und die Bitte um *genâde*: in directer Anrede an die Dame, wie in Meinlohs erstem Gedichte. Das muss im Sommer sein und die Dame muss den Dienst angenommen haben, denn im Sommer hat ihr der Dichter gedient nach 38, 2.

Der nächste Ton gehört in den darauffolgenden Winter, mit der Ankündigung der veränderten Jahreszeit beginnt die erste Strophe 37, 30. Der Dichter ist ihr noch treu und will es bleiben. Auch die Frau ist froh, dass sie sein Dienstversprechen (*sicherheit* 38, 10, wie des Besiegten) angenommen hat und will ihm ihrerseits ihre Treue bewahren 38, 5 ff. Aber der Dichter will mehr. Sein langes Warten thut ihm weh, er fleht durch einen Boten um die Erfüllung seiner kühneren Wünsche 38, 14 ff. Und im Selbstgespräch hofft er, Gott werde sie ihm günstig stimmen, alle Freude an Frauen ist ihm verdorben, wenn die eine nicht bei Zeiten Gnade übt, die sich an ihm versündigt, obgleich er ihr viel gedient.

Der Anfang des letzten Gedichtes *Der al die werlt geschaffen hât, der gebe der lieben noch die sinne* — hat dem anonymen Dichter in des Regensburgers erstem Tone (oben §. 4) vorgeschwebt.

Im dritten Tone 38, 32 ff. hat Dietmar entschiedene Fortschritte gemacht, von denen man nicht recht sieht, worin sie bestehen. Er ist ihr unterthan geworden, wie das Schiff dem Steuermann, wenn die Woge sich gelegt hat 38, 32 ff. Die Dame erklärt, dass sie ihn ohne Mass liebe und sich an die ganze Welt nicht kehren wolle; sie scheint entschlossen, ihm ihre volle Gunst zu gewähren 39, 4 ff. Aber neue Zögerung, neue Unzufriedenheit des Dichters 39, 11 ff.

49) Endlich ist das Ziel erreicht: an dieser Stelle des kleinen Romans tritt als vierter Ton das Tagelied ein 39, 18 ff. Kein Zweifel, dass es Erlebnissen und Erfahrungen entspricht, die ans Ende des Sommers fallen und sich, wie der fünfte Ton 39, 30 ff. zeigt, im Winter fortsetzen. Die Liebenden sind ganz einig und freuen sich, die winterlange Nacht wohl empfangen zu haben. Aber in der dritten Strophe hat die Frau schon wieder zu klagen, die Nähe des Geliebten verscheucht den Kummer, den seine Vernachlässigung ihr bereitet.

So endigt das letzte Liebesverhältnis wie die drei ersten des ersten Liederbuches, die wir zu erkennen glaubten, mit Erkaltung und Entfremdung durch die Schuld des Dichters.

Wie steht es nun mit dem Tageliede? Für die Beurtheilung desselben bietet unsere Überlieferung fast unüberwindliche Schwierigkeiten. Der Umstand, dass es blos in *C* steht und nicht in einer echteren, die ungenauen Reime schonenden Handschrift daneben, lässt sich in keiner Weise durch Conjecturen gut machen. Unsicherheit bleibt.

Die schwebende Betonuug von *Stâfàt* ist bei Dietmar unmöglich, Lachmanns Verdacht, *ziere* sei zugesetzt, drängt sich unabweislich auf, und dass *mîn* dann eingefügt werden müsse, versteht sich.

Z. 25. *mîn friundîn* ist gleichfalls der Entstellung verdächtig, aber nicht aus *friundîn mîn*, sondern aus *friwendîn*, wie schon Wackernagel vorschlug. Die starke Kürzung *gebiutst*, kann durch Streichung von *daz* vermieden werden, und wir hätten demnach zu lesen: *swaz du gebiutest, leiste ich, friwendîn*. Die Kürzungen in 33, 14 sind leichter, weil sich dort nur Liquiden häufen.

Z. 27 lies *eine* mit Wackernagel? Der Reim *reinen: eine* wie 32, 17 f. *minne: singen*; 34, 20. 21 *erwenden : sende*; 39, 31. 33 *ruome: bluomen*. Auch Z. 28 ist das überlieferte *her ze mir* mit dem bei Dietmar unerhörten zweisilbigen, nicht verschleifbaren Auftacte, und das darauf reimende *sant dir*, das man erst wieder in *sament dir* verwandeln muss, damit es in den Vers passe, der dann aber wieder zu lang ist und erst durch die Kürzung *füerst mîn* möglich gemacht werden muss — alles dieses ist dringend verdächtig. und natürlich war es wieder der ungenaue Reim, 50) der hinweggeschafft werden sollte und *C* zu solchen Unmöglichkeiten verführte. Aber *her : dar* geht bei Dietmar nicht, der nur consonantisch ungenauen Reim zulässt. Auch würde sich *C* dann einfach durch die Schreibung *har : dar* geholfen haben. Was mir sonst einfällt, *her : enrec*, erfüllt die Bedingung im Allgemeinen; es ist ein ungenauer Reim derselben Kategorie, aber doch von härterer Art, als sie sonst bei Dietmar begegnen. Vielleicht *rider varen : dare*? Oder *rider varen : dane* (*varn : dan*)?

Wenn das Gedicht von Dietmar ist, so muss es aus seiner frühesten Zeit stammen, welcher auch allein der Reim *friedel: ziere* gemäss ist und die Bezeichnung der Dame als *friwendîn* wie im zweiten Tone 32, 13 und der ganze alterthümliche conjunctionslose Stil. Die Formel des Abschiedes Z. 25 erinnert zwar an Meinloh 15, 15 ff., aber sie muss doch nicht nothwendig auf der Sitte des Frauendienstes beruhen und diesen voraussetzen. Der Dichter hätte also eine eigene ältere Romanze hier eingefügt, um anzudeuten, dass ihm Liebesgenuss zu Theil geworden.

Und dies ist wohl die wahrscheinlichste Vermuthung. Weder lassen sich die reinen Reime halten, die hier im zweiten Liederbuche nothwendig wären, noch scheint es denkbar, dass der Dichter ein fremdes Product, selbst wenn es ein bekanntes Volkslied war, unter die seinigen aufgenommen hätte.

Vortrefflich stimmt dazu das Metrum. Es ist in keiner Weise volksthümlich, gerade das Unvolksthümliche darin aber findet sich bei Dietmar wieder, und zwar in den erkennbar ältesten Gedichten, die wir sonst von ihm besitzen.

Die beiden ersten Zeilen sind die des zweiten Tones ohne Waisen, 3 : 4 Hebungen klingend. Und in Z. 3. 4 wiederholt sich das Längenverhältnis, nur mit stumpfem Reime, 4 : 5 Hebungen stumpf, wie sich im zweiten Ton das zweite Reimpaar zum dritten verhält.

Obgleich dies also leicht Dietmars frühestes Gedicht sein mag, so haben wir — so viel ich sehe — doch keinen genügenden Anhaltspunkt, um das Tagelied für eine einheimische Gattung zu halten. Dietmar gebraucht 33, 35 in seinem dritten (zweitältesten) Tone den Begriff *höresch*. In dem-

51) selben Gedichte 33, 34 auch das Wort *máze* im technischen Sinne, und weniger technisch sonst noch: *âne máze* 32, 15. 39, 2; *des ich mich niht gemázen kan* 35, 23. Aber wo die provenzalische *cortesia* und *mesura* ist (Diez Poesie der Troub. S. 49. 149), da kann auch die provenzalische *alba* sein. Freilich die specielle Eigenthümlichkeit der Form, den beliebten Refrain, der das Wort *alba* zu enthalten pflegt (Diez S. 115. 151) und den Heinrich von Morungen nachahmt (MF. 143, 22: vergl. Diez S. 265 f.), hat Dietmar nicht aufgenommen.

Aber nicht durchaus nothwendig war der Refrain im provenzalischen Tageliede. Bartsch führt in seiner Abhandlung über die provenzalischen und deutschen Tagelieder S. 8. 9 ein solches an und es ist gerade auch das einzige, in welchem der Liebende und die Geliebte redet und die Rede nach Strophen getheilt ist. Aber zu einem eigentlichen Dialoge zwischen den Beiden wie ihn Dietmar noch einmal in gleicher Situation und schon ein älterer Dichter MF. 8, 9 hat, kommt es auch hier nicht. Abgesehen von der einen erzählenden Zeile 39, 26, die aber auch nur Empfindung der Frau wiedergibt, sind die Strophen in regelmässigem Wechsel auf-getheilt, in der ersten spricht die Frau, in der zweiten der Ritter, in der dritten die Frau. Desgleichen bei Morungen regelmässiger Wechsel Strophe um Strophe. Bei Walther in Halbstrophen mit epischem Eingang und Schluss: die Frau beginnt ihre Rede regelmässig mit den Worten *mîn friunt* oder *friunt* wie in jenem provenzalischen Liede *amicx*, oder in einem andern *bels dous amicx*, oder wie in fünf Strophen der wachsame Freund *bel companho*.

Dietmars Tagelied bietet aber noch bestimmtere Anklänge an eines der ältesten provenzalischen, dessen Verfasser nicht genannt wird: Bartsch Provenz. Leseb. S. 104 (der ersten Ausgabe, die zweite ist mir nicht zur Hand), übersetzt von Diez S. 151 f.

In einem Garten unter dem Laub des Weissdorns hielt die Dame ihren Freund bei sich, bis der Wächter ruft, er habe das Morgenroth gesehen. Hierauf vier Strophen, worin die Frau spricht und das, was unter-dessen geschieht, aus ihren Worten entnommen werden muss. Der Anfang ihrer Rede führt aber weiter zurück als der Anfang des Gedichtes. Sie beginnt mit dem Wunsche: Blieb' es doch Nacht, dass der Freund nicht

52) zu scheiden brauchte, dass der Wächter den Tag nicht sähe. Dann fordert sie den Ritter auf zum Küssen auf der Wiese beim Gesang der Vögel (und das geschieht, muss man annehmen). Hierauf verlangt sie: Beginnen

wir ein neues Spiel im Garten, wo die Vögel singen, bis der Wächter seine
Pfeife bläst. Und hiermit sind wir erst bei der Situation vom Anfang des
Liedes, aber wir müssen uns denken, dass nun wirklich das Signal ertönt
und der Ritter Abschied nimmt, denn in der nächsten Strophe spricht sie
schon von seinem Athem, den sanfte Luft ihr zugetragen hat. Es folgt in
der letzten Strophe ein Lob der Dame, welches der Dichter ausspricht.

Auch das Liebespaar der deutschen Alba ruht wohl im Freien unter
der Linde und das Vöglein ist dabei wie in Walthers bekanntem Liede.
Auch hier wird der Weckruf (ohne Zweifel des Wächters) gefürchtet. Und
auch hier muss man den Abschied ergänzen, der Ritter sagt nur, er wolle
ihr Gebot befolgen (vergl. Walther 89, 32 *gebiut mir, lâ mich varn*).

Aber die erste Strophe kehrt noch genauer wieder in der Alba des
Guiraut von Bornelh (Bartsch Lesebuch S. 100):

> *Del companho, en chantau vos apel,*
> *non dormatz plus, qu'ieu aug chantar l'auzel,*
> *que vai queren lo jorn per lo buscatge —*

Paul Heyse übersetzt (Spanisches Liederbuch S. 275, vergl. Diez Leben
der Troub. S. 141):

Mein süsser Freund, die Warnestimme singt:
Schlaf fürder nicht! Das Lied der Vögel klingt,
Die lichtgewärtig durch die Büsche streichen.

Es ist gewiss nicht richtig, wenn Barsch (Tagelieder S. 18) mit Bezug
auf Dietmars Tagelied bemerkt: ,Vielleicht will der Dichter nur das Vöglein,
das auf der Linde singt, als Wächter und Wecker bezeichnen.' Ganz
deutlich wird geschieden zwischen dem Weckruf, den man erwartet und dem
Gesang des Vogels, auf den sich diese Erwartung gründet.

Ob als der Weckende der Wächter oder ein Freund gedacht wird,
das können wir nicht wissen. Das Letztere, wie bei Guiraut von Bornelh,
ist in einem nur fragmentarisch erhaltenen Tageliede der Fall (Carmina 53)
Burana S. 215), das schon Bartsch (Tagelieder S. 30) verglich:

> *Ich sihe den morgensterne brehen:*
> *nu, helt, lâ dich niht gerne sehen:*
> *vil liebe, dêst mîn rât.*
> *swer tougenlîche minnet,*
> *wie tugentlîche ez stât*
> *dâ friuntschaft huote hât!*

Wer die Reflexion in den Schlusszeilen spricht, kann man zweifeln:
wohl auch der Hütende, vergl. Wolfram 6, 13 ff. und den Wächter bei
Cadenet (um 1200), der ,seine Grundsätze auseinandersetzt, die ihn
Liebende beschirmen heissen' (Bartsch Lesebuch 103, 33 ff. Tagel. S. 11).

Die Strophe bietet wohl das älteste Beispiel eines Tagesliedes nach Dietmar. Die Reime sind rein und alle stumpf, sie stehen paarig oder zu dreien: das Letztere findet sich auch am Schluss der Strophe, auch beim Rietenburger. Bei demselben die dreimal gehobenen Verse; aber hier haben sie nach Art der Kürenbergsweise einmal noch die klingende Waise neben sich. Die wiederholten Vocative (*helt, vil liebe*) erinnern an die innige alte Frauenstrophe MF. 37, 18 (*min trût, helt, lieber man*). Der Doppelreime wie *sterne brehen : gerne sehen*, der Anklänge *tougentiche : tugentliche* (überliefert ist *tougenlichen* und *tugentlich daz*, ich habe das grammatisch richtige Adverbium hergestellt und das parallele Adverbium formal gleich gemacht) erinnert man sich aus Rietenburg und Meinloh. Und aus dem Letzteren ist auch die Verkettung der Begriffe *tougen* und *tugent*, sowie die etwas trockene Reflexion bekannt, die sich mit Vorliebe um heimliche Liebe dreht. Wie in dem verwandten Liede *Tougen minne diu ist guot* alle Zeilen trochäisch sind mit Ausnahme derjenigen, die nach der Waise steht, so sind sie hier alle iambisch wie im ersten Ton des Regensburgers. Und diesen iambischen Charakter, wie die Situation, welche das Gedicht behandelt, hat auch die lateinische Nachbildung der Carmina Burana beibehalten, deren Schluss metrisch abweicht.

51)
> *Si puer cum puellula*
> *moraretur in cellula*
> *felix coniunctio*
> *amorem succrescentem*
> *parit e medio.*
> *aculeo procul taedio*
> *fit ludus ineffabilis*
> *membris lacertis labiis.*

Den Schluss von Wolframscher Sinnlichkeit hat Schmeller aus dem überlieferten *membris desertis labilis* hergestellt. Seine sonstige Behandlung des Gedichtchens war nicht glücklich; er setzte Punkt nach *coniunctio* und *pariter* für *parit*, das überlieferte *amore sucrescente* behielt er bei. Man sieht, die Reimordnung stimmt bis zur sechsten, das Metrum bis zur fünften Zeile: die sechste ist um zwei Silben erweitert, und zwei Verse kamen hinzu, vielleicht dass die Melodie in den Anfang zurückkehrte.

Zu dem deutschen Original bemerke ich noch, dass auch bei Guiraut von Bornelh der wachende Freund den Stern, der den Tag bringt, gross im Osten sieht: dringend und innig mahnt er zum Aufbruch.

Die Zeit Guirauts wird von Diez ungefähr auf 1175 bis 1220 fixirt. Ich meine natürlich nicht, dass die Ähnlichkeiten, auf die ich hinwies, directe Benutzung verrathen, dazu reichen sie nicht aus, obwohl ihr Gewicht dadurch verstärkt wird, dass wir eben die ältesten deutschen mit den ältesten provenzalischen Tageliedern verglichen und dass das Motiv des wachhabenden Freundes überhaupt sonst nicht wiederzukehren scheint, weder in deutscher, noch in provenzalischer Poesie. Jedenfalls aber sind wir berechtigt, jene Gedichte als Repräsentanten ihrer Typen innerhalb der Gattung für entschieden verwandt zu erklären.

Dass Dietmar in dem ersten Tone des ersten Liederbuches auf das Grundmotiv zurückkommt, wurde schon bemerkt. Und man könnte sich in dem dritten Gedichte desselben Tones (schlaflose Nacht des Dichters) an die uneigentliche Alba erinnert fühlen, von welcher Bartsch (Tagel. S. 11 f.) zwei Beispiele, von Hugo de la Bacalaria aus dem Anfang des XIII. Jahr- 55) hunderts und von Guiraut Riquier, anführt. Aber es dürfte dann mindestens das Herbeisehnen des Tages nicht fehlen: das Motiv als solches wird auch sonst vorkommen.

Wenn man die mehrfach erwähnte Abhandlung von Bartsch (im Album des litterar. Vereins in Nürnberg 1865) aufmerksam liest, so kann man sich des Eindrucks nicht erwehren, dass die Alba aus den *tageliet* des Wächters (Lachmanns Walther S. 202) entsprungen sei. Der feststehende Refrain mit der Tagesankündigung, in den meisten Gedichten der Art conventionell, muss doch irgendwo seinen realen Grund gehabt haben. Wo anders, als in dem Morgengesang des Wächters? Herbort überliefert den Ruf *wol ûf, ritter, über al! wol ûf! ez ist tac.* Mit diesem feststehenden Rufe verband der Wächter Verkündigung dessen, was sich über Nacht begeben oder was der Morgen ans Licht bringt. Aus jenem feststehenden, diesem veränderlichen Elemente bestand sein Gesang: wirklicher Gesang, wie ich nicht bezweifle, nach Art der jetzt freilich aussterbenden Lieder des Nachtwächters. Dem Weckrufe gesellte sich das Signal eines Blasinstrumentes. Dies Alles ergibt sich aus den von Lachmann angeführten Stellen und war ohne Zweifel allgemeine mittelalterliche Sitte.

An solche Wächterlieder knüpft die uneigentliche provenzalische Alba wieder an, worin der wachende Dichter dem Tag entgegensingt.

Aber es war auch wohl üblich, mit jenem Gesange ein Morgengebet, einen Morgensegen in Verbindung zu bringen nach Art vieler kirchlicher Hymnen. Unter den 26, welche Jakob Grimm herausgegeben, befinden sich nicht weniger als sieben, welche bestimmt des Morgens gesungen zu werden, auch den Morgen ausdrücklich erwähnen oder sogar schildern: 2 *Deus qui coeli lumen es*; 3 *Splendor paternae gloriae*; 4 *Aeterne lucis conditor*; 5 *Fulgentis auctor aetheris*; 8 *Diei luce reddita*; 19 *Aurora lucis rutilat*; 25 *Aeterne rerum conditor*. In dem zuletzt erwähnten heisst es:

> *Praeco diei iam sonat*
> *noctis profundae pervigil*
> *nocturna lux viantibus*
> *a nocte noctem segregans.*

Hoc excitatus Lucifer
solvit polum caligine,
hoc omnis errorum chorus
viam nocendi deserit.

Und auch sonst wird vom Lucifer und Phosphorus geredet, dem *taga-stern*, wie ihn die Mönche des IX. Jahrhunderts übersetzen:

Aurora stellas iam tegit
rubrum sustollens gurgitem,
humectis namque flatibus
terram baptizans roribus.

Currus iam poscit Phosphorus
radiis rotisque flammeis,
quod coeli scandens verticem
profectus moram nesciens.

Iam noctis umbra linquitur
polum caligo deserit
typusque Christi Lucifer
diem sopitum suscitans.

Man vergleiche damit die geistlichen Albas, wie sie Bartsch S. 12—14 bespricht. Mag das weltliche Tagelied auf sie zurückgewirkt haben, das konnte in formellen Dingen und einzelnen Wendungen kaum ausbleiben: ihr wesentlicher Grund ist kirchlich und religiös, ambrosianisch. Auch weltliche Albas beginnen mit Gebeten, so die des Guiraut von Bornelh und die des Raimon de la Sala. Der Anfang des ersteren ist ganz hymnisch, wenn mir ein *O vera lux et claritas* auch nicht gleich zur Hand ist: *Reis glorios, verais lums e clardatz, dieus poderos.*

Es liegt nahe, dass der Wächter in seinem Gebete den göttlichen Schutz auf diejenigen herabfleht, die er behüten soll. Setzen wir dafür speciell die Liebenden, so ergibt sich das Motiv von Guirauts erster Strophe. Eine neue Wendung ist es, wenn der Weckruf den Liebenden gilt und darauf eine Erwiderung erfolgt wie bei Guiraut in den weiteren Strophen. Die realen Verhältnisse, die sich darin spiegeln, wenn der
57) Wächter nicht ein gesellschaftlich gleichgestellter Freund ist, scheinen bei Wolfram durch: der Wächter empfängt Lohn (vergl. 4, 26), er soll dafür sein allgemeines Wecklied unterlassen (6, 12) oder verschieben, den Gast erst warnen.

Sehr richtig hat Bartsch von dieser Gattung die andere geschieden, in welcher der Wächter nicht Vertrauter ist, folglich auch nicht speciell die Liebenden wecken kann: so in zwei Gedichten Wolframs (3, 1. 7, 41) und in dem Tageliede Walthers von der Vogelweide. Das provenzalische

Vorbild behält in der Regel aus dem Wächterliede bei: die Erwähnung des Wächters und seines Gesanges, die Schilderung des Morgens und den Refrain. Wovon dann im deutschen Nachbild das eine oder andere verloren geht. An sich ist das Scheiden der Liebenden ein neues Motiv, das in den Rahmen des Wächterliedes nur äusserlich hineingefasst wird.

Das drittälteste deutsche Tagelied ist wohl das in der Handschrift *A* unter Leutold von Seven überlieferte (s. Deutsche Studien 1, 33), wovon nur die erste Strophe erhalten:

> *,Die nu bî liebe sláfen*
> *und in den sorgen gein dem tage,*
> *die ensâmen sich nu niht.*
> *jâ ruihte ich daz man wâfen*
> 5. *schrîe ob in, daz ist mîn clage.*
> *ich sihe wol, daz ist al enwiht'.*
> *alsô sprach ein wahtære*
> *,ez ist mir iemer siwere,*
> *sol in dû von gewerren iht'.*

Überliefert ist Z. 6 *allez an lieht.* Die Reimordnung *abenbedde,* vier Hebungen stumpf oder drei Hebungen klingend.

Wolfram wüsste ich kein anderes Verdienst um das Tagelied zuzuschreiben, als die virtuose wundervolle Behandlung und den künstlerischen Ernst und Geradsinn, mit welchem er die Wahrheit der Dinge an den Tag bringt und die sinnliche Glut im Gedichte nicht zurückhält, wo sie der Wirklichkeit gemäss war. Hauptsache ist dabei die geistige Wirkung: dass im Augenblicke der höchsten Gefahr die Leidenschaft noch einmal mächtig auflodert — und hier wird sie uns erst von Angesicht zu Angesicht gezeigt —, dass also Liebe stärker ist als Furcht vor Schimpf und Tod, das gibt uns einerseits eine athemlose, mitleidende Angst, andererseits 68) eine Ahnung von tiefer, verzehrender Gewalt allbeherrschenden Gefühls, deren Eindruck alle schildernden Versuche des mhd. Epos weit übertrifft. Nur Wolfram selbst hat sich übertroffen mit dem Gegenstück zum Tageliede, mit dem Bilde der Ehe im Willehalm, worin er eben so grossartig unbefangen die unverholene Wahrheit der Natur hinstellt: der arme, gehetzte, schlachtmüde Mann, der im Arme des Weibes Pflege, Ruhe, Erquickung, Wonne sucht. Ich weiss keinen Dichter, der etwas Aehnliches gewagt und gewonnen hätte.

Wolfram hat das Wächterlied weder erfunden noch in Deutschland eingeführt. Und in der Anlage des Tageliedes überhaupt schliesst er sich genauer an die fremden Muster als Andere. Er hat der Gattung alles Conventionelle, Unwirkliche abgestreift und daher wohl geflissentlich den Wechselgesang der Liebenden, das Scheideduett verschmäht, wie es z. B.

Dietmar, Morungen, Walther kennen. Und dieses gerade scheint eigenthümlich deutsch. Wechselgesang als solcher, besonders Mann und Mädchen
wechselnd, aber nicht speciell in der Situation des Tageliedes, muss in
Deutschland sehr beliebt und vielleicht altüberliefert gewesen sein. Darauf
würde eine erschöpfende Betrachtung der Frauenstrophen wohl führen.
Wir kehren nun zu Dietmar von Aist zurück.

Es ist mir öfters eingefallen, und ich habe seine Gedichte darauf hin
betrachtet, ob sie vielleicht von verschiedenen Verfassern herrühren. Auch
Wackernagel bemerkt (Altfranzösische Lieder und Leiche S. 202 n.), das
was die Handschriften unter dem Namen Dietmar zusammenstellen, sei
keineswegs alles von gleichem Alter: ,sie vermengen zwei Dietmare oder
sonst verschiedene Dichter.' Ich glaube nun nicht, dass, abgesehen von
unechten Anhängen oder Einschiebseln, sich eine solche Ansicht wahrscheinlich machen und die Entstehung der Liederbücher nach unserer
sonstigen Kenntnis der Überlieferung mhd. Lyriker begreifen liesse.
Auch fehlt es bei aller Verschiedenheit des Stils nicht an durch-
gehenden Eigenthümlichkeiten.
Die Vermeidung des Hiatus wurde schon erwähnt, ebenso die Seltsamkeiten der Cäsur im ersten Ton des ersten (I) und im dritten Ton
59) des zweiten Liederbuches (II). Die Senkung fehlt nirgends, lies 32, 9
werelt (wie z. B. Reinmar MF. 152, 10); 32, 13 friucendinne. Der Auftact
ist niemals zweisilbig. Die Waise kehrt in II wieder, nachdem sie in den
jüngeren Tönen von I verlassen schien. Dialog der Liebenden I. 32, 5 ff.
II. 39, 18 ff.; letzteres freilich wohl das älteste erhaltene Gedicht, aber
diese Annahme setzt die Einheit des Verfassers voraus, die es hier erst
zu beweisen gilt. Frau ausdrücklich durch epische Formel redend einge-
geführt I. 32, 3. II. 39, 7. Frauenlied als Abschlus eines Liebesverhältnisses,
als letztes Gedicht eines Tones: I. 33, 7. 34, 11. 35, 24. II. 40, 11. Boten-
lieder: Aufträge an ihn I. 32, 13. 21; der Bote spricht II. 38, 14. — Liebesgenuss in der Winternacht I. 35, 20. II. 40, 3. Gott eingemischt als Schöpfer
und allmächtiger Herr der Dame I. 32, 12. II. 38, 23.
Manches was einerseits die Einheit, andererseits die Fortbildung des
Verfassers ins Licht setzt, ergibt sich schon aus den bisherigen Betrachtungen. Alles überschauen lassen würde nur eine vollständige Syntax und
Stilistik des Dichters und ein Wörterbuch seiner Sprache. Ich will noch
einige Beiträge dazu liefern.
Das Wort herze mit seinen obliquen Singularformen kommt in den
Kürnbergsliedern nur als Ausgang der Waise vor 7, 25 mîn herze, sonst
mit dem bestimmten Artikel 8, 23. 25. 9, 13: natürlich nur in den Strophen
der Frauen, diese Männer reden noch nicht von ihrem Herzen. Meinloh
hat es auch zweimal in der Cäsur 12, 7. 11 und ebenso der Verfasser des

unechten Gedichtes 14, 7; ausserdem Meinloh noch zweimal 13, 34 *mîn herze*; 14, 30 *mînes herzen leide.* Der Regensburger bringt es niemals in der Cäsur, obgleich die Waisen seines zweiten Tones klingenden Ausgang haben: *mîn herze* 16, 20. 17, 6; *mînem herzen* 16, 3.

Der Rietenburger verwendet die Waise nicht, und im Reim auf *smerze* scheint die mhd. Poesie *herze* fast nur bei Epikern zu kennen:[1] jenes Wort hatte wohl nur ein begrenztes Gebiet, unter den Synonymen des Liebesschmerzes 60) bei Lyrikern wird man es selten finden. Der Rietenburger sagt 19, 33 *mîn herze erkôs mir dise nôt*, und ausserdem hat er nur *manic herze ist frô* 19, 8 in einer formelhaften volksthümlichen Wendung, die zur Bezeichnung der Freude, welche der Frühling bringt, mehrfach gebraucht wird (3, 23. 4, 16. Dietmar 33, 21).

Bei Hausen spielt das Herz bekanntlich eine grosse Rolle. Ausser Wendungen, wie 43, 36 *mangen herzen ist von huote wê*; 44, 35 *ein herte herze*; 45, 38 *von herzen;* 47, 8 *ein holdez herze tragen* oder dem Vocativ *herze* 47, 25 steht immer ein Possessivum daneben, 55, 4 *sîn herze*, sonst *mîn*, oder wenigstens ein Personalpronomen in der Nähe (*ich, mir, mich*) oder es wird auf ein *mîn herze* zurückbezogen: *des herzen* 42, 8; *daz herze* 47, 12. 19. 49, 13. 21. 52, 14. 53, 9. Dagegen *mîn herze* 42, 19. 44, 27. 45, 20. 46, 9. 36. 47, 9. 48, 3. 50, 15. 34. 51, 30; *mînem herzen* 49, 31. 51, 3; *mîm herzen* 53, 24. Hausen hat nur wenige und nur stumpfe Waisen, da kann das Wort nicht vorkommen, ebensowenig im Reime, wie wir schon sahen. Aber wenn man umstellt *daz herze mîn*, so gibt es einen sehr bequemen Reim. Hausen hat diese Umstellung im ersten Liederbuch nur ausser Reim 50, 12. 54, 32; im zweiten Liederbuch nur im Reim 44, 7 (: *frî*) 45, 12 (: *sîn* und andere reine Reime); im dritten Liederbuch überhaupt nicht.

Veldeke kennt die Waise vielleicht gar nicht; er hat *daz herze mîn* in einem seiner frühesten Gedichte im Reim (: *sîn, schîn, rogellîn*) 59, 15. Ausserdem *daz herze* 60, 15; *mîn herze* 65, 34. 67, 12; *ir herze* 67, 32 und dazu in den beiden Anfangsgedichten der Sammlung 56, 7. 23. 57, 15. 26. 35.

Walther von der Vogelweide gebraucht *herze mîn* nur im Reim, aber verhältnismässig nicht gerade oft: 42, 13. 72, 19. 30. 98, 10. 99, 29. Den übrigen Gebrauch des Wortes kann man bei Hornig S. 137 bequem überschauen.

Ich brauche zur Würdigung Dietmars keinen anderen weiter herbeizuziehen. Ihm ist das Herz in seiner Poesie so nothwendig wie dem Fried- 61)

---

[1] Im MF. kommt der Reim *herzen: smerzen, smerze: herze*, wie mir einer meiner Zuhörer nachweist, nur bei Fenis 85, 23 und bei Heinrich von Morungen 146, 7 vor: bei dem letzteren *herze* einmal in der Waise 135, 37 und sehr oft *herze mîn* im Reime (besonders auf *schîn*, denn Morungen spreche gerne vom Glanze) 125, 1. 126, 16. 26. 127, 4. 130, 33. 131, 8. 16. 139, 4. 140, 17. — Ich kann nicht umhin hervorzuheben, dass die Gedichte des Fenis und des Morungers, welche jenen Reim enthalten, unsicher bezeugt und wahrscheinlich unecht sind.

rich von Hause. Auch er hat meist stumpfe Waise, aber unter den wenigen Fällen der klingenden findet sich II. 39, 11 *mîn herze.* Dieselbe Verbindung ausser Cäsur und Reim I. 32, 2. 6. 35, 29. II. 38, 32. 39, 11. 40, 10; *mînen herzen* I. 34, 36. Dazu *daz herze* I. 35, 3. II. 38, 6; *von dem herzen* 34, 22 (neben *ich* und *mir*); *swaches herzen rât* 33, 12; *manic herze* 33, 21 (vergl. oben zum Rietenburger); *ein senendez herze treit* 38, 19 (vergl. *ein holdez herze tragen* bei Hausen 47, 8); *verholn in sîne herzen* 38, 8 (vergl. *verholne in dem herzen* bei Meinloh 12, 7). Nun aber auch *daz herze mîn* im Reim I. 32, 20. 33, 4. 34, 6. 24. II. 40, 15: also der Gebrauch nimmt ab; schien das später ein zu bequemer, zu nahe liegender Reim wie heute *Herzen : Schmerzen* verspottet wird? Ausser Reim *dem herzen mîn* I. 34, 33; *daz herze mîn* II. 38, 1. Auf Reimnoth und Reimreichthum, welche Wörter an gewisse Versstellen passen u. dgl., ist in der mhd. Poesie noch wenig geachtet.

Ich mache ferner aufmerksam auf die Synonyma der Trauer, welche — wie schon erwähnt — von Anfang an bei diesem Dichter vorkommen. Hier ist der Unterschied grösser als die Einheit: *trûric* 32, 20. *trûren* 35, 22. 32, 1. *ungemüete* 33, 2. *jâmer* 34. 8. *kâle* 32, 12. *unerlôst* 32, 6. *frôidelôs* 35, 11; alles nur in I. Aber *senen* 35, 25. 34, 21. *senelîche* 35, 2. *senende* I. 32, 13. 35, 19. II. 38, 19. *leit* Adj. 39, 24. *leit* Subst. 33, 5. 35, 28. II. 39, 12. (24.) 32. *leide* 40, 18. *betwingen* I. 32, 2. II. 40, 15. *mir, im tuot — wê* I. 32, 15. 34, 29. II. 38, 20. Dagegen nur in II *sorge* 37, 3. 38, 9. 39, 15. *arebeit* 38, 12. *swære* 40, 14. Bei Rietenburg, um wenigstens éinen Anderen zu vergleichen, findet sich *leit* 18, 8. *sorge* 19, 1. *swære* 19, 2. *nôt* 19, 33. *harnschar* 18, 28. *betwingen* 19, 11. Die Synonyma, welche Meinloh gebraucht, sind oben §. 3 zusammengestellt. Man könnte sagen, Dietmar geht von Meinloh zu Rietenburg über. Ein anscheinend so gewöhnliches Wort wie *kumber* gebrauchen diese Dichter nie, auch Veldeke nicht, wohl aber Hausen. Hat er es eingeführt?

Das Tagelied Dietmars hat die alte Formel *liep âne leit* 39, 24.

Die Ausdrücke für Freude sind lange nicht so mannigfaltig wie die für Leid: *frôude* geht durch I. 34, 17. 32, 11. 35, 7. II. 38, 3. 22. (39, 29.) 40, 4. 9. 16. Jenes *liep* noch zweimal in II in der Verbindung *mîn frôide und al mîn liep* 38, 3. *mit maneger frôide und liebes vil* 40, 9. Das feminine Abstractum *liebe* nur I. 35, 9, wo *herzeliebe* vorausgeht 35, 6 und *frôide* daneben gleichbedeutend (35, 7) gebraucht wird. Das Neutrum für Geliebte 33, 11. 35, 9. II. 40, 2. Das Adjectiv zur rühmenden Bezeichnung der Frau *ein rehtiu liebe* I. 34, 23. *der lieben* II. 38, 24. Ausserdem *nâch liebem manne* 32, 1. *liep* und *lieber haben* 32, 17. 33, 32. *der ich gerne wære liep* 32, 10: alles auf I beschränkt. Nur einmal *gemeit* I. 33, 1; *hôher muot* II. 38, 28, vergl. 38, 5 *hô tragen daz herze und al die sinne.*

Nur in II. 37, 2. 38, 29 *genâde.* Nur in I. 32, 5. 33, 22. 35, 19 *trôst, træsten, getræsten.* Das Ziel des Liebeswerbens *ende* I. 33, 29 vgl. 32, 3. II. 38, 32.

Das Verbum *gewinnen*, das sich für verschiedene Wendungen als ein gewählterer Ausdruck darbietet, steht nur in II 36, 37. 38, 28. Das ebenso gewählte Verbum *erkiesen* gebraucht Dietmar so wenig wie Meinloh. In dem alten Liede *Ez stuont ein frouwe alleine* erscheint es zweimal synonym mit *erweln:* der Falke *erkiuset* den Baum, die Frau *erkiuset* den Mann (37, 10. 13). Wie anders ist die Verwendung bei Rietenburg, wo die Minne *harnschar nie erkôs* (18, 28) und das Herz *erkôs mir dise nôt* (19, 33). Für *lîp*, mit dem Possessivum statt des Personalpronomens bietet Rietenburg wenigstens ein sicheres Beispiel (19, 5 *ir vil minneclichen lîp*, altfr. *son gent cors*), vgl. 19, 9. 32; ebenso Meinloh 13, 10 (vgl. 15, 14), ja sogar im Kürnbergslied 8, 14: Dietmar hat es nicht. Die Auswahl des gewöhnlichen charakterisirt ebenso sehr wie das ungewöhnliche. Unser Blick ist nur für die erstere nicht so geschärft.

Wie beim Rietenburg singt in Dietmars zweitem Liederbuch die Nachtigall (18, 17. 37, 32), im ersten nur die *vogellîn* (33, 16. 34, 4. 16).

Syntaktisch ist das Tagelied am einfachsten. Fast durchgängig jeder Vers ein Satz. Keine Conjunction als *und* 39, 27; *nu* 39, 23. Kein abhängiger Satz, nur *swaz du gebiutest* 39, 25. Frage zweimal 39, 18. 28. Exclamation mit Interjection 39, 29 *owê*.

Frage I. 32, 1. 11. 12. 35, 24. 30 (im fünften und ersten Ton): fehlt in II. Exclamation und Interjection I. 33, 15 *ahî.* 33, 25 *wie wol.* 35, 20 *sô wol mich.* 35, 28 *wê daz.* 32, 7 *owê.* 35, 2 *wie seneliche.* II niemals mit Interjection, welche auf den Refrain *sô hôh ôwî* S. 39 beschränkt ist: 38, 10 *wie selten.* 39, 10 *wie schône.* 39, 11 *wie.* Auch das versichernde *jô* nur in I. 33, 35. 32, 11. 63)

Während in I *alsô* nur auf vorangegangene Rede zurückweist 32, 3. 7, findet sich vergleichendes *als* in II mehrfach: 38, 35. 39, 14. 40, 7. 10. Der ausgeführte Vergleich 38, 34 ff. erinnert daran, wie die Troubadours den Zustand ihres liebenden Gemüthes durch Gleichnisse zu erläutern suchen, wie es z. B. Rudolf von Fenis dem Folquet von Marseille nachgedichtet hat.

Auf durchgehendes *nu* (32, 14. 19. 21. 33, 15. 19. 34, 36. II. 37, 2. 38, 21. 32. 39, 8. 15. 40, 16) *sô, sît, daz u. a.* ist ebenso wenig für die Eicheit Gewicht zu legen, wie etwa das auf I beschränkte *wan* 32, 2. 3 oder das auf II beschränkte *dar zuo* 36, 36. 37, 1 (vgl. Meinloh 15, 2) für das Gegentheil spricht. Bedeutsamer ist das relative *und*, wenn auch in verschiedener Bedeutung, I. 35, 26. II. 38. 31, Die *swer swas* sind häufiger in I 33, 11. 27. 33. 34, 2. 35, 30 als in II; doch kehren sie hier wieder im letzten Tone: 39, 32 *swaz.* 40, 2 *swâ.* Das zugehörige *swenne* je einmal I. 35, 30. II. 39, 1. Niemals *obe*, niemals *doch*, niemals *noch* (s. dagegen den Rietenburger §. 4). Einmal *ienoch* II 38, 1; einmal *ê* II. 38, 22.

Die angeführten Thatsachen in jedem einzelnén Falle zu würdigen
und zu verwerthen, muss ich wohl um Worte zu sparen dem .Leser
überlassen.

Wie wir nun Dietmar kennen gelernt, so leidet es wohl keinen
Zweifel, dass wir in Beurtheilung der Überlieferung äusserster Vorsicht
bedürfen. Die inneren Merkmale der Unechtheit möchten schwer zu finden
sein bei einem Dichter, der sich in so vielartiger Gestalt zeigt. Entscheiden
muss die äussere Beglaubigung, doch treten einige innere Gründe fast
überall bestätigend hinzu.

Die Strophe 35, 32, die im MF. aus *A* aufgenommen und Dietmar .
zugewiesen wurde, ist in dem Tone abgefasst, welchen Veldeke und Rucke
mit Dietmar theilen. Die Hs. *A* gibt die zwei Dietmarschen Strophen und
die vorliegende unter Veldeke; dazu auch Strophen des Tones 33, 15, der
sich von diesem nur durch den Mangel überschlagender Reime unterscheidet.

Dass Dietmar von Aist mit Ausnahme des Tageliedes und des ersten
Tones niemals ein Gedicht mit unreinem Reime schliessen lässt, wie es·
hier geschieht (*liep : niet*), mag ein Zufall sein, obgleich man sich vielleicht
erinnern darf, dass gewisse Seltsamkeiten im Reim der Nibelungenstrophe
niemals in das schliessende zweite Reimpaar eindringen.

Aber ganz gegen die in Dietmars Liedern herrschende Anschauung ··
ist es, dass eine Frau dem Manne *dienen* will 35, 33. Auch passt das
Gedicht schlecht in den Rahmen des Liebesverhältnisses, das in den beiden
andern Strophen desselben Tones 35, 16 und 35, 24 vorausgesetzt wird.
Vielmehr scheint es durch 35, 24 eingegeben und in theils verwandter,
theils gegensätzlicher Stimmung im selben Tone nachgedichtet: vergl. *ez
wære wol* u. s. w. mit *ez wære mir ein grôziu nôt* ff. und den Gedanken
35, 25 (35, 28 f.) mit 36, 4. Zu 36, 2 *wurd er mir âne mâze liep* vergl.
39, 5 *der ist mir âne mâze komen in minen stœten muot.* Und auch mit dem
Gedanken des Todes spielt Dietmar, doch in anderer Weise (32, 11. 33, 28).
Der Verfasser oder die Verfasserin gebraucht das bei Dietmar nicht vor-
kommende *obe.*

Die Veredelung, Vervollkommnung durch Liebe wird sonst von den
Männern ausgesagt (so bei Meinloh und Dietmar): hier behauptet es die
Dame von sich selbst. Welcher Art aber ist die Vervollkommnung? Was heisst
gewizzen? Ich verweise auf das mhd. Wb. und Lexer[1]) und übersetze
,Bildung'. Mätzner Altfranz. Lieder S. 193 hat Stellen gesammelt, worin

---

[1]) Ersteres bringt die Stelle MS. 1, 185a (Reinmann von Brennenberg) unter die
Bedeutung ,Verstand, Einsicht in das was sich zu thun gehört'. Die Stelle lautet:
*du maht wol heizen leitvertrip, du rehter minnen blüete: der gewizzen dir vil wol
min herze giht.* Offenbar ist *der* zu betonen: diese Fähigkeit, nämlich das Leid
zu vertreiben.

die Bildung oder die durch Erziehung und Unterricht gewonnene Tüchtigkeit nach Seiten der Intelligenz und des Charakters' als hervorstechende
Eigenschaft der Frau gerühmt wird. Französisch heisst sie *bien aprise*, es
wird ihr *bone doctrine* zugeschrieben, provenzalisch *ensenhamen*, italienisch
insegnamento, conoscianza, sareri. Das mhd. *wol gezogen*, das Mätzner ver- 65)
gleicht, ist zu allgemein, es entspricht nur etwa dem prov. *apresa de totz
benestars.* Aber die Bildung im Sinne von Unterrichtetsein, von Wissen,
das liegt im mhd. *gewizzen.*

Wenn nun die Männer hervorheben, dass sie *getiuret*, dass sie *bezzer
worden* sind durch die Frau und die Liebe zu ihr, so wiederholen sie
zunächst eine conventionelle Ansicht. Diese Ansicht aber ist entsprungen
aus dem Bewusstsein von der sittigenden Macht des Frauenumganges. Es
liegt in ihr die Anerkennung des geselligen Einflusses der Frauen, in deren
Nähe rohe Sitten verschwinden und feinere Empfindungen in das begehr-
liche Herz der Männer einziehen.

Was aber soll eine Dame von dem Manne gewinnen? Ich weiss die
gegenwärtige Strophe nicht anders zu verstehen, als wenn ich ein Verhältnis voraussetze, wie es im §. 1 zu MF. 3, 1 besprochen wurde. Die
Verfasserin ist eine Heloise, die sich gegen die Werbungen ihres Abälard
zu schützen sucht. —

Ich komme nun zu dem Anhange des ersten Liederbuches.
Es schliesst nach meiner Ansicht mit 16 *B*, 18 *C*. In beiden Handschriften
folgen unechte Vermehrungen, in *B* drei Strophen, welche Heinrich von
Morungen gehören. Der Anhang von *C* hat merkwürdige Ähnlichkeit mit
einem ebenfalls unechten Anhange zu Reinmars erstem Buche in *B*.

Dietmar 19 *C.*	Reinmar 24 *B.*	MF. 36, 5
20 *C.*	25 *B.*	36, 14
21 *C.*		244, 77 [246, 77¹]
22 *C.*	26 *B.*	243, 25 [245, 25¹]
23 *C.*	27 *B.*	36, 23.

Die 34 Reimzeilen, welche 24—27 *B* ausmachen, mögen auf die eine
Seite eines Blattes geschrieben worden und dieses Blatt in der Vorlage
von *C* zu Dietmars, in der Vorlage von *B* zu Reinmars Liedern eingelegt
sein. Auf die Rückseite sind an dem letzteren Orte noch 36 Zeilen (28—30
B) geschrieben, welche nach *C* und *A* dem Walther von Metz gehören.

Die Strophen 24. 25. 27 *B* sind anderwärts nicht überliefert. Die
Strophe 26 *B* gehört vermuthlich dem jungen Spervogel, dem sie *C* und *A*
zuschreiben, Deutsche Studien 1, 32. Dazu mag 21 *C* in der Vorlage
von *C* an den Rand geschrieben worden sein, der Schluss des Anhanges
zum jungen Spervogel in *C* und *A*.

Was nun im einzelnen Strophe *C* 23, MF. 36, 23 anlangt, so kann 66)
sie unmöglich zu dem zweiten, chronologisch geordneten Liederbuche

Dietmars gehören, das mit einer Liebeserklärung beginnt. Dieser Erklärung kann nicht der Besitz vorausgehen und die Freude am Besitz wie in der genannten Strophe. Von dem ersten Liederbuche aber ist sie durch die zum jungen Spervogel gehörigen Strophen, auf welche sie folgt, bestimmt ausgeschlossen.

Überdies fühlt man sich durch den Inhalt eher an Hausen erinnert. Mit *leides ende* 36, 32 vergl. *leitrertrfp* 54, 35. Gott hat nichts an ihr vergessen wie 44, 22. 31 und besonders 50, 2 *wan er rergaz niht an ir libe.* Der Verfasser verweilt auf dem Lobe der Geliebten mit einer objectiven, enthusiastischen Bewunderung, wie sie Dietmar nicht eigen ist; ich komme gleich hierauf zurück. Und das doppelte *unde* 32. 33 gibt den Eindruck eines Flusses der Rede, wie er gleichfalls unserem Dichter nicht nachgesagt werden kann. Den zweisilbigen Auftact (36, 24) hat er nur, wenn die Silben verschleifbar sind (39, 3): die übrigen im MF. zu 154, 21 angeführten Fälle stehen in den beiden alten, nicht Dietmarischen Liedern 37, 4. 18.

Die zwei Strophen 36, 5 ff. stehen in *C* am Ende des echten, *BC* gemeinschaftlichen Liederbuches und vor dem sicher unechten Anhang. Schon diese Stellung genügt, sie zu verdächtigen. Das Gedicht bewegt sich in einem Kreise von Anschauungen, in welchem Dietmar sonst nicht verweilt. Auch bestehen seine Gedichte nur je aus einer Strophe, wenn wir von dem Tageliede absehen, das als episches Lied seine besondere Stellung hat.

Dass Dietmar einen und denselben Gedanken in allmälicher Entwicklung in drei hinter einander folgenden Sätzen mit identischem Subject ausspräche, wie hier im Anfang (*diu werelt... si rert... sie wellent...*), das kommt nicht vor.

Was Dietmar zum Lobe der Geliebten in einzelnen Sätzen oder durch schmückende Beiwörter vorbringt, das beschränkt sich auf Folgendes: 32, 3. 10 *frouwe schœne*. 32, 14 *dem schœnen wîbe*. (35, 13 *ein schœne wîp*). 33, 24 *frouwe liderbe unde guot*. 34, 23 *ein rehtiu liebe*. 38, 24 *der lieben*. 38, 33. 39, 12 *ein edeliu frouwe*. 34, 34 *ir tugende die sint valsches vrî*. 37, 37 67) *du gwûnne nie unstæten wanc*. Man sieht, dass dies alles von der einfachsten Art ist: *die. wolgetânen* 36, 21 ist es nicht. Selbst Hausen braucht diese Bezeichnung nicht. Wohl aber bedeutungsvoll als Versteckname für die Geliebte Veldeke 58, 19 *diu wolgetâne* in einem seiner frühesten Gedichte: und gleich wieder 59, 7 *wolgetâne, valsches âne.*

Ein *alzô* wie es hier 36, 20 steht, hat Dietmar nie.

Wir werden also das Gedicht für unecht halten müssen, wenn man auch denken könnte, dass *diu sicherheit* 38, 10 sich auf 36, 19 *des biute ich mine sicherheit* zurückbezieht. Aber hier versichert der Dichter nur, dass ihm die Dame niemals leid werden könne: dort muss es auf ein Treuversprechen gehen, in Folge dessen sie ihn in ihren Dienst aufnahm. —

Den Anhang des zweiten Liederbuches hat schon Haupt S. 248 [250¹] verdächtigt, weil das Lied aus drei Strophen besteht. Die Rücksicht auf Dritte wie hier 41, 1. 2 und in dem eben besprochenen Gedichte 36, 5 ff. kennt Dietmar ebenfalls nicht. Und wieder das enthusiastische Lob der Geliebten und die Anapher des Personalpronomens als Subject (40, 22. 23. 25 *si*; vergl. 41, 1. 2. 4 *er*)! Auch passt das Gedicht nicht in den sonstigen Verlauf des zweiten Liederbuches. Mit der beginnenden Erkaltung des Dichters schliesst dieses 40, 11 ff. wie andere Liebesverhältnisse Dietmars. Dietmar hat genossen, er wendet sich befriedigt ab. In den vorliegenden drei Strophen spielt ein ganz anderes Stadium der Entwicklung eines Liebesverhältnisses.

Dietmar braucht weder *alsam* 40, 23, noch *iedoch* 40, 31, noch das versichernde *jâ* 40, 24: das versichernde *jô* 41, 6 hat er aufgegeben. Unreine klingende Reime, so dass auf den Vocal der Hebungssilbe verschiedene Consonanten folgen, vermeidet Dietmar, abgesehen von dem Tageliede, im zweiten Buche: hier ist *eigen* : *heiden* 40, 21. 24 gerade die einzige Ungenauigkeit ausser *man* : *getân* 40, 35. 36. Die Schweifreime *aabccb* verwendet er nie: mehr als den überschlagenden Reim hat er nie gewagt.

Die zweite Strophe verstehe ich so. Die Dame ist nicht so strenge behütet, dass sie es nöthig hätte, mich durch Hartherzigkeit aufs äusserste zu bringen. Gleichwohl halte ich sie hoch, davon will ich sie überzeugen, es wäre ja .an meiner Treue ein Schlag (wenn ich es nicht thäte). Sie soll sich aber erinnern (zum Beweis, dass sie nicht so streng 68) behütet ist), ob sie nicht einmal *tærschen* bei mir lag.

Ich setze Punct nach Z. 30, Doppelpunct nach Z. 31. In Z. 33 führt das überlieferte *ez wære an miner frowen ein slac* zunächst auf *trowe*, wofür wir in unseren Texten *triwve* zu setzen gewohnt sind.

Demnach wird der im Eingang dieses Paragraphen angenommene Umfang beider Liederbücher gerechtfertigt erscheinen.

Ein Wort noch über die Anordnung des ersten. Chronologisch richtig folgen der zweite und dritte Ton auf einander. Ich glaube, dass sie ursprünglich das Liederbuch eröffneten. Das Motiv, aus welchem ihnen der erste Ton vorgeschoben wurde, lässt sich vielleicht noch erkennen. Und wenn dieser erste Ton aus der hintern Hälfte des Buches herausgenommen wurde, so mag bei dieser Gelegenheit auch die Verwirrung entstanden sein, durch welche jetzt der fünfte Ton auf den vierten folgt statt umgekehrt.

Bei Veldeke ist ganz unzweifelhaft, dass die Titelvignette (der Dichter horcht dem Gesange der Vögel in dem Baume über ihm) ihr Motiv dem Gedichte entnahm, mit welchem das Liederbuch in *BC* eröffnet wird. Ebenso begann bei Walther von der Vogelweide das *BC* zu Grunde liegende Liederbuch offenbar mit der Strophe *Ich dahte bein mit beine*, so dass auch hier das Motiv des Titelbildes mit dem Anfang stimmt.

Bei Dietmar von Aist nun, was sehen wir im Bilde? Wenn ich recht deute, eine Frau, die von einem Krämer etwas kaufen will. Sollte das nicht die Frau sein, welche nach den Eingangsworten des Liederbuches ein Mittel gegen das *trûren* sucht? Und sollten daher diese Eingangsworte nicht absichtlich an den Anfang gerückt und aus ihrem ursprünglichen Zusammenhange herausgerissen sein? Dann würde dem Veranstalter der alten Sammlung, der Quelle von *BC*, die Zerstörung der ursprünglichen Ordnung schuld zu geben sein.

§. 8.

Friedrich von Hausen.

Ich will hier nur an die Resultate von Müllenhoffs Abhandlung in der Zeitschrift für deutsches Alterthum 14, 133—143 erinnern.

69)   Müllenhoff unterscheidet drei Liederbücher. Was die Quelle von *BC* gab, begann mit dem dritten und schloss mit dem ersten. Das zweite ist nur in *C* erhalten, es war in die Quelle eingelegt und wurde an seiner Stelle mit abgeschrieben.

Das erste Liederbuch setzt Müllenhoff S. 142 in die Zeit vor 1164, das zweite in die nächstfolgende Zeit über 1186 hinaus (S. 134. 135), das dritte, worin die Eneit citirt wird, etwa 1187 (S. 136) bis 1189 (S. 138).

Das Gedicht *Die gote erliegent sine vart* (53, 31—38) ist nicht ganz sicher bestimmbar (S. 135. 137).

Ebenso hat das schöne grosse Lied 54, 1 Schwierigkeit, weil es nicht in *B* überliefert. Aber es muss wohl, wie Müllenhoff es annimmt, zum ersten Liederbuche gehören, dem es sich in *C* anschliesst. Es bildete das Ende der Sammlung *BC*. auch in *C* ist es nicht mehr vollständig vorhanden, das letzte Blatt eines Heftes kann leicht durch Abreiben unleserlich werden oder ganz zu Grunde gehen. Ebenso ist in dem ältesten Liederbuche Heinrichs von Rucke die letzte Strophe in *C* nur verstümmelt, in *B* gar nicht erhalten. (Zeitschr. 17, 574 Anm.)

Das erste Liederbuch ist nicht arm an stumpfen und klingenden, consonantisch ungenauen Reimen. Im zweiten und dritten bleiben, abgesehen von überschüssigem *n* (*enpfâ : gân : tân; heiden : beide*), nur die für die Technik des ältesten Minnesanges fast unentbehrlichen Reime *zît : wîp : lîp : sît : nît* und *liep : niet : iet : liet* übrig.

Zu den urkundlichen Nachweisungen des MF, über das Geschlecht derer von Hausen kommt jetzt noch Haupt in seiner Zeitschrift 13, 326 und Heinzel Niederfränkische Geschäftssprache S. 367 f. Anmerkung.

§. 9.
Heinrich von Veldeke.

Ich halte es für möglich, auch in Veldekes Gedichten die ursprüngliche chronologische Ordnung wieder herzustellen. Und das ist es, was ich hier versuchen will.

Wenn man im MF. von den beiden aus *A* entnommenen Schlussstrophen und von den ebenso nur in *A* überlieferten beiden Strophen des zweiten Gedichtes (5ⁿ, 10 ff. 26 ff.) absieht, dann die Strophe 60, 21 ff. (Strophe 40 *B C*) nach 66, 8 eingeschaltet denkt, so hat man ungefähr das Bild des Veldekeschen Liederbuches wie es in der Quelle von *B C* vorlag. Einige kleine Unterschiede in der Strophenfolge dieser Handschriften machen wenig aus: s. 12—14 *B C*, 26—28 *B C* (wo im MF. mit Recht noch wieder umgestellt und Str. 25 *B C* um eine Stelle weiter gerückt ist), 36. 37 *B C*. Es sind gerade 48 Strophen.

Ein aufmerksamer Leser wird innerhalb dieser Reihe leicht näher zusammengehörige Gruppen unterscheiden.

Gruppe (I) 56, 1—58, 10. Frühlingsanfang. Der Dichter ist traurig, die Freude, welche ihm die Dame seines Herzens früher gegeben, ist in Trauer umgeschlagen, er selbst trägt die Schuld. Von ihrem Reize hingerissen, hat er sie gebeten, dass sie ihn möge *al umbevân*. Dies erzählt er im ersten fünfstrophigen Gedicht. Im zweiten (in *A* ebenfalls fünfstrophigen) in *B C* dreistrophigen Liede lässt er die Dame selbst ihren Unwillen über die unhöfische Bitte des Dichters aussprechen. Ein bestehendes gutes Verhältnis also ist durch die vordringliche Kühnheit des Mannes gestört.

Gruppe (II) 58, 11—60, 12. in sich wohl ziemlich chronologisch geordnet. Der Dichter braucht einen Verstecknamen für die Geliebte, er nennt sie *diu wolgetâne*. Der Frühling findet den Dichter traurig, er liebt noch unerhört, er verwünscht diejenigen, die ihm bei der Dame, um die er wirbt, schaden wollen, und wünscht das Paradies denen, die ihn fördern. Auch im Winter ist sein Herz traurig, die Grösse seiner Liebe sucht er im Vergleich mit Tristrant zu schildern: jenen zwang das Gift zur Treue, er hat niemals solchen Wein getrunken. Er fleht um Erhörung. Diese wird ihm in der That jetzt zu Theil, im nächsten Frühjahre verkündet er sein Glück, er durfte die Geliebte *al umbevân*.

Gruppe (III) 60, 13—20. 29—35. 61, 1—62, 10 umfasst lauter Reflexionen, welche wenig persönliche Anhaltspunkte bieten. Strophe 60, 29 ist im Frühling verfasst. Der Dichter preist die Freude, schilt die Neidigen, welche die Minne befehden, klagt über Verfall der Sitte. Ein allgemeines Lob der Minne, zweistrophig, macht den Schluss, in jedem Verse kommt das Wort *minne* vor. Der herrschende Frohsinn und die Art, wie 62, 4 ff. die Geliebte erwähnt wird, zeigt ein befriedigtes Verhältnis.

Gruppe (IV) 62, 11—63, 27. Der Dichter ist alt und besitzt nicht die Gunst der Geliebten. Er schiebt es zuerst auf sein graues Haar, das die Weiber hassen, und er äussert sich darüber nicht höflich. Aber aus dem nächsten Gedichte, im Frühlingsanfang verfasst, geht hervor, dass er Schuld auf sich geladen hat, und dass sie seine Busse nicht annehmen will (63, 14 ff.). Und in 63, 20 ff. macht er Versprechungen, er will sich hüten, etwas ihr unangenehmes zu sagen (*daz ich ir iht spreche ze leide*). Er fürchtet sie wie das Kind die Ruthe.

Gruppe (V) 63, 28—64, 33. Der Dichter ist getrennt von der Geliebten 63, 36. 64, 25. Der Rhein fliesst zwischen ihnen (64, 23). Er ist getrost und guten Muthes, der Treue seiner Dame sicher. Sein Verhältnis zu ihr besteht schon längere Zeit, er hat sie ,lange gelobt' (63, 29). Sie hat es verstanden, die *huote* zu betrügen (64, 5). Der Dichter muss im Frühling fort (64, 25). Im Winter hat er gute Hoffnung auf Minne, er redet wie einer, der sicheren Besitz nur wieder anzutreten braucht (64, 30 ff.), 30 ff.), er befindet sich wohl auf der Heimkehr.

Gruppe (VI) 64, 34—66, 8. 60, 21—28. 66, 9—67, 2. Ein ganz anderes Bild. Der Dichter ist sehr unzufrieden: er liebt, wo seine Minne ebenso wenig zur Geltung kommt wie der Mond neben der Sonne (65, 2). Er hat sich gegen die *bœsen* zu wenden, welche Birnen auf den Buchen suchen, d. h. wohl ihn verdächtigen, ohne dass Grund zum Verdachte vorliegt (65, 11). Er hat über solche zu klagen, welche der Minne früher dienten, ihr aber jetzt sich entziehen (65, 19. 20). Er muss auch unter der *huote* leiden, gegen die er sich mit grosser Schärfe erklärt (65, 21 ff.).

Im Sommer wendet sich der Dichter dahin, wo sein Herz in Liebe stets unterthan war (65, 28 ff.). Er bittet die Schöne, die er besingt, sie möge ihn das aussprechen lassen, wovon er seine Gedanken und Empfindungen nicht wenden könne (60, 21). Er fleht die Göttin Minne um Hilfe bei der Geliebten an (66, 9). Er deutet auf ein früheres besseres Verhältnis, auf grösseren Erfolg seines Gesanges hin (66, 30):

72)
> *df ir trôst ich wîlent sanc.*
> *si hât mich missetrœstet, des ist lanc.*

Und dies noch einmal bestimmter 66, 32: es stünde ihr besser, dass sie mich tröstete, mich erhörte, als dass sie mich zu Tode quält

> *wan si mich wîlent ê erlôste*
> *da maneger angestlîcher nôt.*

Gruppe (VII) 67, 3—32. Heinrich verspricht: er wolle eher sieben Jahre in Ungemach leben, als gegen den Willen der Geliebten ein einziges Wort sprechen. Trotzdem bleibt sie ihm ungnädig. Doch nein! In einem neuen Liede, worin er die Dame selbst sprechen lässt, zeichnet sie ihm und sich bestimmt die Linie ihres Verhaltens vor. Sie gibt zu, dass niemand ihn so gerne sieht. Aber sie will ihren *ltp* behalten.

> *ich hân til wol genomen war*
> *daz dicke werdent schœniu wîp*
> *von solchem leide missevar.*

In der letzten Strophe wendet sich der Dichter offenbar an das Publicum: ‚Diejenigen, die meinen Gesang hören wollen, die sollen mir dafür Dank wissen' u. s. w.

Wir sehen ein glückliches Liebesverhältnis sich begründen in (II), auch (III) zeigt gutes Einvernehmen der Liebenden, als ein begünstigter Liebhaber zieht der Dichter in die Ferne (V), voll Hoffnung kehrt er zurück. Allein er findet nicht wieder, was er verlassen. Die Dame, die früher die *huote* betrogen hat, scheint jetzt strenger bewacht oder sie liebt ihn weniger. Er wird sehr dringend und beruft sich auf seine früheren Rechte (VI). Er mag sich mündlich noch deutlicher ausgedrückt haben. Das nimmt sie sehr übel, ein völliger Abbruch scheint zu erfolgen: dadurch, dass er seine Schuld eingesteht und die Vorwürfe, die sie ihm macht, in Verse bringt, sucht er sich den Weg zur Versöhnung zu bahnen (I). Aber es wird ihm nicht leicht, sie will seine Busse nicht annehmen (IV). Endlich erfolgt die Versöhnung (VII).

Zählt man die Reimzeilen jeder einzelnen Gruppe, so ergeben sich für (I) 60, für (II) 70, für (III) 60, für (IV) 55, für (V) 42, für (VI) 82, für 73) (VII) 30 Zeilen. In drei Fällen also haben wir 30 oder 2 × 30 Zeilen. Einmal ist die Zahl 60 um 10 überschritten, ein andermal bleibt sie um 5 unter dem Masse, und wenn man die Gruppen (V) und (VI) zusammenfassen darf, so würde das 124, d. h. um 4 mehr als 2 × 60 ergeben. Die 70 Zeilen der Gruppe (II) sind möglicherweise nicht ursprünglich: so wie die drei Strophen ihres letzten Gedichtes dastehen, fällt die dritte ab, vielleicht war sie eigentlich bestimmt, die zweite mit ihrer übermässig deutlichen Sprache zu ersetzen. Doch lege ich auf diese Bemerkung natürlich kein Gewicht: wenn lyrische Gedichte von verschiedenen Strophenformen in ein Buch von bestimmtem Formate gebracht werden sollen, so kann das nicht glatt ausgehen. Ich meine also, dass wir das bekannte Normalmass von 30 Zeilen auf der Seite (Deutsche Studien 1, 79) auch hier voraussetzen dürfen. Darnach würde sich die ursprüngliche Gestalt des Liederbuches so darstellen:

> I (II) ein Blatt mit 70 Zeilen,
> II (III) ein Blatt mit 60 Zeilen,
> III (V)
> IV (VI) Doppelblatt mit 124 Zeilen,
> V (I) ein Blatt mit 60 Zeilen,

mit VI, II mit V zu einem Doppelblatte verbunden waren, die in einander lagen: zu innerst lag dann das Doppelblatt III.—IV. Angehängt war Blatt VII, möglicherweise ein äusserstes umgeschlagenes Doppelblatt, dessen andere Hälfte dann ganz leer gewesen sein müsste.

Die gegenwärtige Ordnung ist, wie man aus den eingeklammerten Zahlen sofort ersieht: V, I, II, VI, III, IV, VII. Mithin ergab sich die gegenwärtige aus der ursprünglichen Ordnung in folgender Weise. Das innerste Doppelblatt wurde herausgenommen und vor VII eingelegt: das Doppelblatt II—V auseinandergerissen und das zweite Blatt, nämlich V, vor I geschoben.

Das Schlussgedicht, das augenscheinlich für den Schluss einer
74) Sammlung von Minneliedern gedichtet ist, scheint mir zu beweisen, dass Heinrich von Veldeke selbst die Sammlung veranstaltet hat. Man muss dann wohl annehmen, dass er selbst im zweiten Liede die Strophen wegliess, welche A vor BC voraus hat. Mir scheint das Gedicht in der kürzeren Fassung zu gewinnen.

Auch von seinen frühesten Liedern dürfte er in der Sammlung manche unterdrückt haben. Die rasche Entwicklung des Verhältnisses fällt auf, man würde schon von selbst vermuthen, dass uns einige Gedichte fehlen, welche sich in die Gruppe I (II) einreihen müssten. MF. 67, 33 und 68, 6, beide in A erhalten, gehören wirklich dahin.

§. 10.

Chronologie.

,Ein Heinrich von Stevening und Rietenburg war Burggraf von Regensburg von 1161 an; sein Sohn Friedrich von 1176 bis um 1181; von da an Friedrichs Bruder Heinrich, der 1184 starb.' (MF. S. 232 [233²].)

Dass an dem Hofe des älteren Heinrich (1161 bis c. 1175) und über seine Zeit hinaus der Anonymus, Verfasser des zweiten Spervogeltones, gedichtet habe, ergab sich mit Wahrscheinlichkeit Deutsche Studien 1, 11.

War dieser Heinrich der ,Burggraf von Regensburg' unserer Minnesingerhandschriften? Mit andren Worten: verhalten sich die beiden Dichter, der vierte und fünfte des MF., der ältere Burggraf von Regensburg und

(1161—1175) gehörte zur Generation des Anonymus Spervogel, er musste in seiner Weise dichten, wenn er dichtete. Die Verwendung der Waisenform steht beim Anonymus nach 1175 noch auf derselben Stufe wie 1154—1160 in dem Liedchen *Wær diu welt alliu mîn*. Beim Burggrafen von Regensburg dagegen ist diese Form mit allem was daran hängt, mit Verlängerung und Verkürzung, voll ausgebildet; und doch müssten seine Lieder keineswegs etwa gegen 1175, wo der ältere Heinrich mit Hinter- 75) lassung erwachsener Söhne starb, sondern eher vor 1160 oder noch früher, kurz in seiner Jugendzeit entstanden sein.

Wir sehen also ein ähnliches Verhältnis an der Donau wie am Rhein. Die Väter sind Protectoren der Dichtkunst, an ihren Höfen finden wir den Anonymus, die Söhne üben selbst die Kunst: so Friedrich von Hausen, der Sohn jenes Walther; so die beiden Regensburger, die Söhne jenes Heinrich von Staufen, den der alte Sänger rühmte und der noch andere Fahrende wie Gebehart, Kerling, Liupold um sich hatte. Vielleicht wurden die Spielleute in dem Masse schlechter behandelt, als man sie mehr entbehren konnte und als die Kunst der Edlen selbst sich hob: so würden die Klagen jenes greisen Anonymus sich wohl erklären.

Sind die vorstehenden Erwägungen richtig, so erhalten wir ein paar ziemlich bestimmte Daten für sehr wichtige historische Erscheinungen. Wobei es in Betracht kommt, dass die poetische Thätigkeit der älteren Dichter nachweislich eine sehr kurze ist: sie ist nicht professionsmässig, sondern der natürliche Ausfluss eines oder zweier poetischer, liebebewegter Jugendjahre.

Die vier Strophen Friedrichs, des älteren Regensburgers, fallen in die Zeit 1176—1181, die sieben Strophen des jüngeren Heinrich von Rietenburg in die Jahre 1181—1184.

Zwischen den beiden waltet nun auch der Unterschied ob, dass Heinrich die Kunst der überschlagenden Reime und den *dienest* kennt, wovon sein älterer Bruder nicht weiss. Diese Anschauung vom *dienest*, zugleich mit einer erklärten Neigung zur Reflexion aber treffen wir zuerst bei Meinloh von Seflingen, und bei diesem auch die ersten, wie zufällig sich ergebenden, überschlagenden Reime. Sonst freilich ist seine Metrik sehr einfach, aber die einfache Metrik stirbt nicht aus von heute auf morgen.

Nach der inneren Chronologie müssen wir Meinloh für jünger als den älteren Regensburger halten. Aber die provenzalische Sitte des Frauendienstes kommt vom Westen nach Osten, und der westliche Dichter kann jüngere Anschauungen vortragen, während gleichzeitig oder selbst später der östliche noch auf älterem Standpunkte beharrt.

Gross ist der Unterschied der Zeit jedenfalls nicht zwischen Meinloh 76) und dem älteren Burggrafen. Und um 1180 etwa verbreitete sich der Frauendienst und die überschlagenden Reime von Ulm nach Regensburg, aus Schwaben nach Baiern, die Donau hinab.

Schon früher, schon bei dem älteren Friedrich von Regensburg, ist die Liebe durch *merker* bedroht, und ebenso ist sie es in einer der uns erhaltenen Strophen in der *Kürenberges wise* (7, 24). Daneben in einer anderen noch nicht technisch *lügenære* (9, 17).

Überhaupt stehen die Kürenbergslieder ungefähr auf gleicher Stufe mit denen Friedrichs von Regensburg, nur dass sie, weil vermuthlich noch weiter im Osten entstanden, auch noch jünger sein können. Der Mann ist der Herrscher in dem Liebesverhältnis, wie noch in der anonymen, in einem Tone Dietmars von Aist gedichteten Strophe *Sicer mêret die gewizzen mîn* 35, 32. Eben dieses Liedchen erlaubt uns daher, mit den Kürenbergsliedern bis dicht an die Zeit Dietmars heran, das heisst bis gegen 1180, ja noch weiter in den Anfang der achtziger Jahre zu gehen. Dass auch ihre Form nicht widerspricht, wurde schon Zeitschr. 17, 579 f. bemerkt.

Der Ritter Kürenberg, der Erfinder der *Kürenberges wise*, hat jedenfalls früher gedichtet als der Burggraf Friedrich, mithin früher als 1175, da die künstlichen Metren des letzteren die Nibelungenstrophe zur Voraussetzung haben. Aber wahrscheinlich nicht viel früher. Denn der Variationen der Nibelungenstrophe sind nicht viele, wie schon Lachmann zu den Nib. S. 5 hervorhob. Der Kürenberger wird nur, wie die Burggrafen, in seiner Jugendzeit ein paar Lieder gesungen haben, deren Melodie glücklich einschlug.

Dass wir für das Lied über die Königin von England ungefähr auf die Zeit 1154—1160 kommen, wurde schon bemerkt. Die Waise ist darin noch wenig ausgebildet. Die alten Lieder MF. 37, 4 und 37, 18 werden dadurch noch weiter und wohl in die erste Hälfte des XII. Jahrhunderts hinaufgerückt.

Das Verhältnis des Kürenbergers und Regensburgers zeigt eine gewisse Gemeinsamkeit der Kunstübung in Baiern und Österreich, während Schwaben 77) vielleicht mehr abseits stand. Daraus mag man sich die einfachen Töne Meinlohs erklären, wenn sie einer Erklärung bedürfen.

Die weitere Verbreitung des Frauendienstes von Regensburg nach Oberösterreich bezeugt uns Dietmar von Aist. Seine dichterische Thätigkeit erstreckt sich auf einen längeren Zeitraum. Nur in seinem letzten Liebesverhältnisse kennt er den *dienest* ausdrücklich. Aber lange vorher sehen wir die männische Empfindung bei ihm gemildert und ganz nahe an die Vorstellung des Dienstes streift die Wendung *vil gar ir eigen ist mîn lîp* (35, 16).

Technisch stehen die ältesten Lieder auf der Stufe der pseudo-kürenbergischen: aber Dietmar wächst hinein in die Technik der überschlagenden Reime und strebt immer mehr nach Reinheit. Die überschlagenden Reime sind früher nach Österreich gekommen als der Frauendienst, und die Weichheit der Empfindung, die das Verhältnis der beiden Geschlechter umkehrt, ist noch etwas älter. Auch diese Umwandlung aber vollzieht sich auf dem

Gebiete der Sitte, und die Sitte ist der Mode unterworfen. Wenn also bei dem Burggrafen von Regensburg die alte Schroffheit und Härte in Kraft steht, so wird Dietmar um 1180 erst zu dichten begonnen haben, und wir bekommen eine Vorstellung von dem Masse verschiedener Geschwindigkeiten, womit sich die Entwicklung des geistigen Lebens in der Südostecke Deutschlands damals vollzieht: am raschesten verbreitet sich neue Gefühlsweise, langsamer poetische Technik, noch langsamer conventionelle Lebensformen. Dazu stimmt die Langsamkeit, mit der ein anderer Theil romanischer Rittersitte, das Turnierwesen, nach Österreich dringt. Dies alles natürlich in dem Masse unsicher, als Zufälle möglich sind und die Charakterformen einzelner Menschen mitspielen.

Die Zeit Dietmars aber werden wir nun auf etwa 1180—1190, die Verbreitung des Frauendienstes nach Österreich, die zwischen Dietmars erstes und zweites Büchlein fällt, auf etwa 1185 bestimmen. Selbstverständlich, dass unser Dichter nicht der 1143—1171 urkundlich nachweisbare Dietmar von Aist sein kann. Bereits Haupt hat auf die Rudolf, Rambert, Karl und Johannes von Aist hingewiesen, welche in einer der späteren Urkunden Dietmars vorkommen: sie seien vielleicht Dienstmänner gewesen und auch unser Dichter könne ein etwas jüngerer Dienstmann des vornehmen und reichen, 1171 verstorbenen Herrn gewesen sein. Noch eine Frage wenigstens darf aufgeworfen werden. Gleichzeitig mit jenem Dietmar von Aist kommt ein Dietmar von Aistersheim, Ministerial der steirischen Markgrafen, vor, 1146, dann c. 1150 und 1160. Und in der Familie derer von Aistersheim bleibt der Name Dietmar noch lange, einer dieses Namens wird 1228 und 1240, ein anderer 1288—1308 erwähnt, und der letztere hat einen gleichnamigen Vetter; noch 1343 findet sich Dytl der Aystershaymer. Die Nachweisungen sind nach den Registern im Urkundenbuche des Landes ob der Enns leicht zu finden. Waltet zwischen den Aistern und Aistersheimern irgend ein Zusammenhang ob? Ist das Vorkommen des Namens Dietmar in beiden Familien nur ein Zufall? Vorläufig kann ich die Fortpflanzung dieses Namens unter den Aistersheimern nur anführen, um die gleiche Annahme für die Aister zu erleichtern. Dass diese mit Dietmar nicht ausstarben, belegen die oben erwähnten vier Personen.

73)

An Dietmar von Aist schliessen sich in der früheren Zeit, ohne *dienest*, aber schon mit überschlagenden und fast ganz genauen Reimen, die dem Kaiser Heinrich zugeschriebenen Gedichte 4, 17—5, 15. Ein anderes anonymes Gedicht *„Mir hât ein ritter'* sprach ein wîp (6, 5) zeigt umgekehrt die Anschauung des Frauendienstes, aber noch nicht völlig reinen Reim.

Endlich treten mehrstrophige Gedichte auf, eines noch ganz episch (6, 14—31), reizende Schilderung einer Begegnung mit der Geliebten: man möchte Walthers *Nemt, frouwe, disen kranz* vergleichen. Ein anderes 40, 19—41, 6, oben §. 7 besprochen.

Unmittelbar in Dietmars Fussstapfen tritt Walther von der Vogelweide, der nach Lachmann 1187 zu dichten begann. Und zu Anfang der neunziger Jahre muss schon Reinmar von Hagenau an den herzoglichen Hof von Österreich gekommen sein, er besingt Leopolds Tod 1194. Hat vielleicht auch Heinrich von Rucke sich dort aufgehalten? Reinmars Äusserung 155, 5 *im ist vil wol, der mac gesagen daz er sin liep in senenden sorgen lie* könnte sich auf Rucke 105, 18 *diu guote diech dâ senende lie* beziehen. Eine solche Anspielung war aber nur zu verstehen, Reinmar konnte nur darauf rechnen, dass sie verstanden werden würde, wenn beide Dichter 79) sich innerhalb desselben Kreises bewegten. Wenn sich von demselben Hofe aus ihre Gedichte verbreiteten, wenn sie denselben Spielleuten zur Verbreitung übergeben wurden, so erklärt sich daraus vielleicht ihre Vermischung in den Handschriften.

Friedrich von Hausens erstes Liederbuch setzt Müllenhoff um 1180 oder zwischen 1180 und 1184. Er steht in einer Reihe mit dem jüngeren Rietenburger, nur dass die romanische Einwirkung bei dem westlichen Dichter viel entschiedener vorliegt.

Was Heinrich von Veldeke anlangt, so liegt es nahe, die Abwesenheit aus der Heimat, welche die Lieder ergaben, in das Jahr 1184 zu setzen, wo er den Hoftag von Mainz und nachher Thüringen besuchte, auch wohl die Äneide vollendete. Ob er noch im selben Jahre in die Heimat zurückkehrte oder ob es nur so scheint, das mag dahin gestellt bleiben. Es braucht nicht jeder Wechsel der Jahreszeit in den Liedern wirklich erwähnt zu werden. Das was erwähnt wird, ergäbe Anknüpfung des Verhältnisses im Frühjahre 1182; glückliches Erringen Frühjahr 1183; Abwesenheit aus der Heimat 1184; Rückkehr im Herbst desselben Jahres. In den Sommer 1185 fiele dann 65, 28; in dasselbe Jahr wohl die Entzweiung, also in den Frühling 1186 das erste Gedicht 56, 1 und 57, 10. Dann etwa in den nächsten April, April 1187, das Lied 62, 25. So kämen wir mit 67, 9 auf den Frühling 1188. Doch kann man nicht beweisen, dass diese Frühlingslieder sich nothwendig auf ein und dasselbe Jahr beziehen müssen.

Zu der Bedeutung, die ich dem Jahre 1184 beimesse, stimmt es sehr wohl, dass Veldeke gleich nachher einen Ton Dietmars von Aist zuerst anwendet, s. oben §. 7. Auch hat er wohl erst bei Gelegenheit seines Aufenthaltes in Mainz und Thüringen die Gattung der den Frauen in den Mund gelegten Lieder kennen gelernt. Er wendet sie dann zweimal an, 57, 10 und 67, 17: das zweite Mal wie Dietmar von Aist am Schlusse der Reihe, die einem und demselben Liebesverhältnisse gewidmet ist.

Dass der von Veldeke benutzte Ton Dietmars vor 1184 falle, und doch nicht allzu weit vor dieses Jahr, ergab sich schon aus den obigen Betrachtungen über die Zeit Dietmars. Ja der nächste Ton Dietmars, 80) der Überlieferung nach sein erster, setzt die bestimmte Unterscheidung zwischen reinen und unreinen Reimen voraus, das heisst, wenn ich nicht irre, die Propaganda Veldekes für den reinen Reim, die wir in das Jahr 1184 setzen.

Jene Dietmarische Melodie hatte ohne Zweifel besonderen Ruhm erlangt. Darum eröffnete auch Heinrich von Rucke sein erstes Liederbuch damit. Der Abschluss dieses Liederbuches wird daher auch um 1184 fallen. Wozu wieder vortrefflich stimmt, dass Rucke nachher den durch Veldeke gesicherten reinen Reim gebraucht, und dass das entschieden dem Veldeke nachgeahmte Gedicht 100, 34 n i c h t im ersten Liederbuche steht.

So weit wollte ich für jetzt diese Betrachtungen führen.